A DECISÃO
DE QUE O MUNDO
PRECISA

CARO LEITOR,

Queremos saber sua opinião sobre nossos livros.
Após a leitura, curta-nos no facebook/editoragentebr,
siga-nos no Twitter @EditoraGente e
no Instagram @editoragente e visite-nos no
site www.editoragente.com.br.
Cadastre-se e contribua com sugestões, críticas ou elogios.

Boa leitura!

CELSO GRECCO

A DECISÃO DE QUE O MUNDO PRECISA

7 caminhos para você sair da indiferença e fazer
algo pelo futuro da nossa sociedade

Diretora
Rosely Boschini

Gerente Editorial
Carolina Rocha

Assistente Editorial
Franciane Batagin Ribeiro

Controle de Produção
Fábio Esteves

Projeto Gráfico e Diagramação
Vivian Oliveira

Capa
Rafael Brum

Imagem de capa
Hobbit/Shutterstock

Preparação
Mariane Genaro

Revisão
Andréa Bruno e
Renata Lopes Del Nero

Impressão
Gráfica BMF

Copyright © 2019 by Celso Grecco
Todos os direitos desta edição são
reservados à Editora Gente.
Rua Wisard, 305, sala 53,
São Paulo, SP – CEP 05434-080
Telefone: (11) 3670-2500
Site: www.editoragente.com.br
E-mail: gente@editoragente.com.br

Dados Internacionais de Catalogação na Publicação (CIP)
Angélica Ilacqua CRB-8/7057

Grecco, Celso
    A decisão de que o mundo precisa: 7 caminhos para você sair da
indiferença e fazer algo pelo futuro da nossa sociedade / Celso Grecco. -
São Paulo: Editora Gente, 2019.
    192 p.

    ISBN 978-85-452-0330-8

    1. Negócios - Responsabilidade social 2. Associações sem fins
lucrativos 3. Organizações não-governamentais 4. Problemas sociais
5. Ética ambiental I. Título

19-1115   CDD 658.048

Índice para catálogo sistemático
1. Responsabilidade social

*Para Rosa, Gabriel e Pedro, que sempre
me ensinam que eu sou nós e nós somos eu.
E para DK, a segunda mãe que o universo me deu.*

SUMÁRIO

AGRADECIMENTOS 9

PREFÁCIO 11

INTRODUÇÃO 17

CAPÍTULO 1
EU SOU NÓS. NÓS SOMOS EU 31

CAPÍTULO 2
ÉTICA PARA O NOVO MILÊNIO 51

CAPÍTULO 3
O CAÇADOR DE ANJOS 65

CAPÍTULO 4
SOMOS AQUILO QUE DESPERTAMOS EM NÓS MESMOS 85

CAPÍTULO 5
ESCOLHA SUA CAUSA PESSOAL 93

CAPÍTULO 6
DEDIQUE-SE. 1% JÁ É UM COMEÇO 107

CAPÍTULO 7
PASSE DIGNIDADE ADIANTE. ELA É CONTAGIANTE 119

CAPÍTULO 8
GANHE DINHEIRO FAZENDO O BEM 129

CAPÍTULO 9
USE O PODER DO SEU DINHEIRO 141

CAPÍTULO 10
ESCOLHA TRABALHAR EM EMPRESAS COM PROPÓSITO 153

CAPÍTULO 11
ACREDITE: COISAS PEQUENAS TAMBÉM TRANSFORMAM 161

CAPÍTULO 12
NADA NESTE LIVRO PODE TER SERVIDO PARA VOCÊ 173

CAPÍTULO FINAL
A DECISÃO DE QUE O MUNDO PRECISA 183

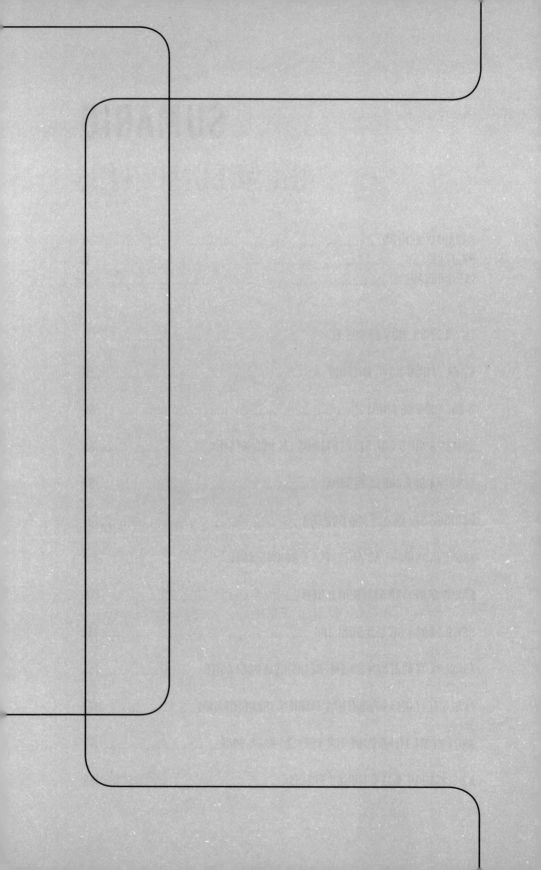

AGRADECIMENTOS

Bernard Lievegoed foi o psiquiatra e escritor holandês a quem é atribuída a frase "uma atitude realmente social na vida é ajudar o outro a dar o próximo passo na direção do seu desenvolvimento pessoal". Este livro foi um passo que não poderia ter sido dado sem pessoas que foram fundamentais no meu caminho.

Rosely Boschini, que melhorou a ideia inicial e me provocou dizendo que a Editora Gente não lançava livros, lançava autores. Carolina Rocha, minha editora que viu nascer cada capítulo, Franciane Batagin Ribeiro, Fabrício Santos, Anna Gobatto e toda a equipe da Gente que faz com que você se sinta como se fosse o único autor lançando um livro naquele ano.

Vera Cordeiro, Fabio Bibancos, Eugenio Scannavino, Caetano Scannavino, Ralf Toenjes, Lidia Muradas, Mariangela (e Marcio) Oliveira por emprestarem suas histórias de vida e ajudarem a dar sentido a este livro. Diacuy Mesquita por literalmente tentar encontrar meu melhor ângulo na sessão de fotos.

Edemir Pinto pela maneira inconformada e entusiasmada com a qual enxerga os desafios sociais do país, Fábio Barbosa por ser sempre uma inspiração para todos que o conhecem, agora ainda mais para mim.

É impossível citar todos, mas algumas pessoas estiveram particularmente próximas nos últimos anos e nos principais projetos aos quais me dediquei: Melissa Abla, conselheira e braço direito de todas as horas. Sonia Favaretto, Rosi Pedrosa, Monica de Roure, Patricia Lobaccaro e Cecilia Cruz, pela bonita e divertida leveza que foi a *joint venture* social. Fernando Leite, Percival Caropreso e Glen Martins, por todos os projetos em cocriação. Nicolla Raggio, por ensinar que não é preciso ir longe para ser feliz, PC Bernardes e Maranhão Veigas, por certamente concordarem com essa ideia desde que acrescentemos poesia e espiritualidade na mais curta ou mais longa das caminhadas. Adair Meira, Valdinei Valerio e Marcia Dias, pelas inspirações na luta incansável da inclusão social.

Na Alemanha, Maritta Kochweser, pela parceria internacional e por acreditar em mim e no Brasil. Na Inglaterra, Malcolm Hayday que, à frente do primeiro banco sem fins lucrativos do mundo, entendeu e sustentou minha proposta de ser "um banco diferente, para gente que quer um mundo diferente". Em Portugal, Ivone Stepansil, Claudia Pedra, Suzana Pereira Rocha, Rute Vasco, Sergio Figueiredo, Guilherme Collares Pereira e Salvador Cunha pela caminhada juntos recheada de desafios, mas também repleta de bom humor e risadas.

Um pedaço da decisão de que o mundo precisa mora em cada uma das pessoas que encontrei ao longo desse caminho. Espero que você se junte a essa minha turma. Nossos caminhos não se cruzam à toa.

PREFÁCIO

Ao começar a ler *A decisão de que o mundo precisa*, percebi logo quanto o Celso Grecco e eu temos uma maneira parecida de ver o mundo e falamos dos mesmos conceitos apenas com palavras e metáforas um pouco diferentes. Por isso, é um prazer escrever este prefácio, enriquecendo o meu repertório.

A sociedade está mudando e o seu funcionamento em rede transformou o modo como influenciamos e somos influenciados por todos os stakeholders. A sociedade hoje é interdependente e, para resolver problemas complexos como os que se apresentam, precisamos de uma visão sistêmica. Grecco mostra já na introdução do livro como a natureza pode nos ensinar a praticar essa visão: "[...] Sociedades são organismos vivos nos quais as pessoas precisam funcionar em conjunto, precisam se conectar umas às outras".

No afã de contribuir para a construção de um mundo melhor, não podemos perder o indivíduo como ponto de referência. A forma como o autor mostra no primeiro capítulo que, para contribuir para a sociedade, o indivíduo precisa se ver como agente de transformação e, para tanto, deve ter muito claro seus valores e seu propósito é o que torna mais interessante a leitura.

A meu ver, é fundamental colocar os valores como centro do debate público. São esses valores inspiradores que devem orientar nossas escolhas em termos de amizades, de parcerias e de emprego.

Em muitas ocasiões, tenho visto pessoas muito céticas vindo até mim e dizendo: "Para passar pela vida, você tem que transigir. Para passar pela vida, você tem que encontrar os atalhos". Nunca segui esse caminho, talvez por causa de fortes valores familiares, talvez por causa do DNA forte, talvez porque eu não tenha a habilidade ou o talento para fazê-lo. O melhor é sempre optar pelo caminho da transparência, do respeito, como maneira de orientar o nosso dia a dia. Acredite, portanto, na força de seus valores. Acreditar em minhas escolhas, seguindo minha intuição, minha vocação e sempre buscando fazer o que eu gosto, dentro de meus valores, foram atitudes que ajudaram muito para que eu tivesse realização no trabalho e felicidade na vida.

O projeto de sustentabilidade empreendido pelo Banco Real / ABN Amro no Brasil há 20 anos – e a enorme gama de iniciativas que o apoiavam –, buscava mostrar este caminho. Mais do que um modelo de gestão, a sustentabilidade é, em última análise, a melhor maneira de expressar minha convicção de que é possível "dar certo fazendo a coisa certa, do jeito certo". Aqui o passado faz uma conexão direta com o presente e com a forma que Celso Grecco apresenta sustentabilidade no segundo capítulo. Tendo o cuidado de mostrar a sustentabilidade como ética inspiradora e não como uma ética restritiva como é habitual. Milton Friedman disse certa vez: *"The business of business is business"*, algo como "o negócio dos negócios

PREFÁCIO

são os negócios". Acho que cabe uma adaptação: "O negócio dos negócios são os negócios sustentáveis". Esse ajuste reflete melhor a realidade, pois as empresas precisam existir por muitos anos em uma sociedade em constante mudança. A sustentabilidade é agora uma nova maneira de criar vínculos com clientes, funcionários, fornecedores e acionistas, de modo que todas as empresas de todos os setores precisam encontrar suas próprias maneiras de inseri-las em seus negócios principais.

Grecco define a ética do novo milênio como a escolha de um propósito e a atuação a partir dele. Há alguns anos, em um artigo chamado *"Meaning is the new money"*,[1] em português algo como "Significado é a nova moeda", a americana Tamara J. Erickson escreve: "Para muitos hoje, o significado é a nova moeda. É o que as pessoas estão procurando no trabalho. Valores claros das empresas, traduzidos para a experiência de trabalho do dia a dia, são um dos principais impulsionadores de uma força de trabalho engajada".

Eu diria que, ao falar de propósito ao longo do livro, e mais especificamente no capítulo dez, Grecco registra "espírito do tempo" (*zeitgeist*) da nova geração. Os millennials, como são conhecidos, representam a nova força de trabalho, além de uma atividade profissional com propósito, possuem um modelo mental mais aberto, com uma visão empreendedora e um olhar para o coletivo. Para essa geração, a frase de Gandhi faz mais sentido do que para qualquer geração anterior: "Não há caminho para a felicidade, a felicidade é o caminho".

No capítulo onze, Grecco traz o exemplo da garota sueca Greta Thunberg, que, com apenas 16 anos, tem chamado a

---

1. ERICKSON, Tamara J. "Meaning Is the New Money". Harvard Business Review, Estados Unidos, mar. 2011. Disponível em: <https://hbr.org/2011/03/challenging-our-deeply-held-as>. Acesso em: 03 jun. 2019.

atenção do mundo todo para as mudanças climáticas. Esses jovens são cada vez mais conscientes em relação aos assuntos éticos, ambientais e sociais e balizam suas decisões de carreira, de consumo e até de investimentos em valores. O que faz com que, para eles, não seja mais aceitável a postura de quem acha suficiente "passar a caneta no cheque e assim passar a borracha na consciência". É fundamental a maneira que se obtém resultados e não apenas os resultados que se obtém. No capítulo três, o autor descreve alguns caminhos possíveis até o lucro social.

Adicionalmente, no capítulo nove, Celso Grecco fala de um novo campo para o qual eu tenho olhado com muita atenção: os investimentos de impacto. Até meados dos anos 1990, tínhamos o conceito do "dar de volta", do inglês *give back*, ou seja, os negócios e as ações sociais eram assuntos completamente separados. Em seguida, até por volta de 2010, as empresas perceberam que a sustentabilidade tinha que estar intrinsecamente ligada ao negócio, só assim as ações seriam efetivas. E, a partir de 2015, começou a onda dos investimentos de impacto, a busca pelo "e" e não pelo "ou", oportunidades de investimento que geram resultado financeiro e impacto social/ambiental. Estima-se que cerca de 23 bilhões de dólares do mercado financeiro global seja classificado como investimento de impacto e que esse número esteja crescendo.

No capítulo doze, Grecco fala sobre a necessidade de exercermos a cidadania ativa de forma bem colocada. Frequentemente em entrevistas e conversas com jovens, as pessoas me perguntam: "O que tira você da cama?". E eu respondo que o que me motiva é a crença de que "não é assim mesmo, não precisa ser assim mesmo, se a gente não quiser que seja assim mesmo".

PREFÁCIO

Nós só podemos evoluir como sociedade se aceitarmos o equilíbrio entre direitos e obrigações – e se compreendermos que não podemos simplesmente continuar cobrando dos governos soluções e ações, mas devemos também participar e contribuir por meio de nossas ações cotidianas. Limpar o país é tarefa grandiosa demais para um indivíduo, mas se cada um fizer a sua parte a tarefa fica mais fácil. Como diz o ditado: "Se cada um varrer a sua calçada, o país estará limpo".

Depende de cada um de nós. Uma sociedade saudável só se constrói se estivermos calçados em valores sólidos e sempre agindo com total transparência. Tudo começa com a priorização da educação de qualidade, que engloba não apenas o conhecimento, mas também valores e princípios. A sociedade e o mundo são feitos de nossas atitudes. A boa perspectiva é que está se espalhando a mensagem de que cada um de nós é um protagonista. É uma nova fronteira, uma nova abordagem, e todos os cidadãos devem participar.

Eu convido você a embarcar nessa leitura e Celso Grecco fará um convite ao fim. Vamos ver se você topa?

Fábio C. Barbosa

INTRODUÇÃO

Este não é mais um livro de autoajuda. Embora, talvez, você o tenha encontrado na seção de livros do gênero, não foi com essa intenção que eu o escrevi.

Isso, porém, não significa que este livro não possa cumprir com o propósito de fazer você **uma pessoa melhor** – para si mesma, para sua família, para a sociedade, para o nosso país e para o nosso planeta.

Acho que livros de autoajuda ou de desenvolvimento pessoal são importantes e têm seu espaço na vida das pessoas. Eles são capazes de decodificar as crenças limitantes e as barreiras que as impedem de melhorar a autoestima, de alcançar progressos profissionais, de conquistar o que para elas signifique sucesso e felicidade.

No entanto, as pessoas que procuram livros de autoajuda talvez não se deem conta de que, nessa busca, há um aspecto que não tem a ver apenas com dificuldades pessoais ou com a falta de instrumentos para alcançar o sucesso. E esse aspecto faz toda a diferença para a trajetória de vida que cada um de nós quer construir.

Penso que, muitas vezes, autores e leitores de livros do gênero ignorem um princípio da biologia, uma espécie de lei que nos rege desde que os primeiros seres começaram a habitar o planeta Terra, há bilhões de anos: **a interdependência**.

Imagine, por exemplo, o seu corpo. Ele se desenvolve e funciona desde que você foi gestado no útero, regido por um sistema biológico que se organiza e se autorregula o tempo todo, sem a sua interferência. Você não precisa comandar o seu coração para que ele bata ou seu pulmão para que ele encha-se e esvazie-se de ar nem o seu sistema imunológico para que ele o defenda de vírus e bactérias.

Olhe a natureza. As plantas, as florestas, os rios, os mares, as algas marinhas e os corais também são seres vivos organizados por um sistema biológico que rege o funcionamento, sem que seja necessária a intervenção humana.

É justamente quando nos desequilibramos que nosso corpo fica doente ou, ainda, é quando intervimos de forma errada na natureza que ela se compromete.

Se observarmos os princípios que a biologia do nosso corpo e da natureza nos ensina, e se refletirmos sobre a forma como conduzimos nossa vida individualmente e, sobretudo, em sociedade, podemos aprender muito a respeito do valor das relações de **interdependência** que **cada um de nós** tem com a sociedade, assim como **a sociedade** tem com cada um de nós.

A questão é que, ao contrário do nosso organismo ou da natureza que funcionam sem que precisemos interferir, em sociedade temos de tomar decisões individuais e coletivas o tempo todo para que as coisas funcionem bem. Quando tomamos decisões erradas ou quando nos omitimos, as coisas funcionam mal.

Desde que entramos neste milênio, estamos vivendo uma das mais fascinantes eras da história da humanidade. A tecno-

INTRODUÇÃO

logia, a inteligência artificial e a internet estão revolucionando a forma como nos relacionamos com nossos pares, com a sociedade e com o planeta.

Soluções que em um passado recente seriam cabíveis apenas na ficção científica estão cada vez mais disponíveis e vão impactar nossa vida em todas as suas dimensões.

No entanto, é também provável que nunca tenha sido tão necessário prestarmos atenção em como estes novos tempos podem refletir nas nossas mais básicas qualidades humanas, como **empatia, solidariedade** e o sentimento de pertencermos a **uma comunidade**.

Os avanços no campo da tecnologia e da ciência podem nos levar a Marte ou nos propiciar a convivência com sistemas autônomos e inteligentes que vão tomar decisões que, antes, somente pessoas poderiam fazer.

Ainda assim, esses avanços não foram capazes de suprimir desigualdades ou de nos poupar de um sentimento de impotência diante de situações de injustiça social, violência ou degradação ambiental.

Por que nos sentimos assim? Será que é porque também **nos sentimos sozinhos** para agir? Estamos sozinhos ou nos isolamos? Seja qual for a resposta, aceitarmos esse sentimento de solidão ou nos isolarmos não nos fará bem.

Dr. Robert Waldinger, em palestra no evento TEDxBeaconStreet, apresenta a pesquisa "Estudo Harvard do Desenvolvimento Adulto"[2], conduzida desde 1938 pela Universidade Harvard nos Estados Unidos, a qual demonstrou claramente isso.

---

2. TED. *What Makes a Good Life? Lessons from the Longest Study on Happiness.* Disponível em: <www.ted.com/talks/robert_waldinger_what_makes_a_good_life_lessons_from_the_longest_study_on_happiness>. Acesso em: 20 maio 2019.

ESTES NOVOS TEMPOS PODEM REFLETIR NAS NOSSAS MAIS BÁSICAS QUALIDADES HUMANAS, COMO EMPATIA, SOLIDARIEDADE E O SENTIMENTO DE PERTENCERMOS A UMA COMUNIDADE.

INTRODUÇÃO

Essa pesquisa científica, provavelmente a mais longa já feita (são mais de oitenta anos ininterruptos de coleta de dados, análises e acompanhamentos), buscou entender os fatores que determinam a saúde física, a saúde mental e a **felicidade** das pessoas.

O estudo começou a acompanhar, naquele ano, a vida de 724 pessoas, 60 das quais ainda estão vivas e seguem anualmente monitoradas, quando escrevo este livro. Recentemente, os filhos e netos dessas pessoas passaram a ser incluídos na pesquisa.

A principal conclusão é a de que **pessoas que se conectam com outras** vivem mais porque descobrem, nessa conexão, uma importância maior para a vida, até mesmo em comparação a necessidades básicas como saúde e educação. Ou seja, é na relação com o outro que nossa vitalidade, motivação e energia **se abastecem e nos renovam**.

Ao comentar os resultados da pesquisa, o psicanalista Robert Waldinger, atual diretor do estudo, recorre a um ditado atribuído a dalai-lama, que diz: "A pessoa que é sábia, mas egoísta, cuida dos outros".

Em outras palavras, se quisermos cuidar de nós mesmos (e sermos felizes e vivermos muito), um bom caminho é começar a cuidar dos outros. O egoísmo pode ser também um dos maiores gestos humanos de solidariedade.

Em tempos em que falamos tanto sobre a busca por um propósito, esse pode ser um significado transformador para nossa vida. Conexão com o outro. Reconhecimento do valor da interdependência em sociedade.

Não nascemos para sermos sozinhos. Contudo, muitas vezes, sem perceber, mesmo que possamos estar 24 horas do nosso dia conectados, uma sensação de que estamos sós nos traz um fundo de angústia ou de ansiedade.

No início de 2019, como faz todos os anos, o Fórum Econômico Mundial que acontece em Davos, na Suíça, apresentou o "Relatório de Riscos Globais"[3]. O documento é produzido com base em entrevistas feitas com cerca de mil decisores pertencentes aos setores público e privado, à academia e à sociedade civil.

Entre as preocupantes tendências que o relatório aponta, talvez a mais delicada seja o enfraquecimento das respostas coletivas para fazer frente aos problemas globais. Estamos mergulhando cada vez mais fundo em problemas dos quais, sem um esforço coletivo, não vamos emergir.

Na análise da percepção dos riscos para o nosso planeta, além de apontar um agravamento das mudanças climáticas e das tensões econômicas entre países, o relatório traz um dado estarrecedor: estima-se que cerca de **700 milhões de pessoas** no mundo apresentem problemas de ordem mental (depressão, por exemplo), provocados pelos novos contextos sociais, tecnológicos e do mundo do trabalho.

O sentimento é o de falta de controle diante das incertezas do mundo, que, além de provocar o declínio da saúde da mente e do bem-estar emocional, pode comprometer a coesão social da qual dependemos.

Nos Estados Unidos, um estudo recentemente publicado pela empresa de seguros Cigna ouviu 20 mil jovens nascidos entre os anos de 1990 e 2010. Com base em questionários elaborados pela Universidade da Califórnia em Los Angeles (UCLA), a pesquisa apontou que 48,3% dos jovens se sentem sós ou isolados[4].

---

3. WORLD ECONOMIC FORUM. *The Global Risks Report 2019*. Disponível em: <www.weforum.org/reports/the-global-risks-report-2019>. Acesso em: 20 maio 2019.

4. CIGNA 2018 U.S. LONELINESS INDEX. *The State of Loneliness in America*. Disponível em: <www.cigna.com/assets/docs/newsroom/loneliness-survey-2018-fact-sheet.pdf>. Acesso em: 20 maio 2019.

INTRODUÇÃO

Na apresentação das conclusões, David Cordani, presidente e CEO da empresa, resume: "A falta de conexão humana é a culpada por essa epidemia da solidão".

Na Inglaterra, o governo da primeira-ministra Theresa May criou a **Secretaria da Solidão**[5], com uma verba atribuída de 20 milhões de libras (cerca de 100 milhões de reais em 2019) para lidar com o fato de que **15% da população inglesa se declaram solitária**.

Uma das primeiras respostas ao problema está a cargo da Comissão de Combate à Solidão, que investiga em parceria com empresas e entidades do terceiro setor quais medidas podem ser implementadas.

Em Frome, cidade no distrito de Somerset na Inglaterra, uma iniciativa já apontou resultados sociais e financeiros: os médicos do principal hospital da cidade criaram um programa chamado **Conectores Comunitários**, cujos voluntários têm o papel de identificar pessoas solitárias na comunidade e trabalhar com elas, em parceria com as organizações locais do terceiro setor.

A base desse programa é explicada pela dra. Helen Kingston, do Centro Médico de Frome: "Desde que a humanidade vivia em cavernas, o ser humano se organizou em grupos para se defender dos predadores. Até hoje, o corpo humano interpreta a solidão como um risco, fazendo com que a pessoa que se sinta sozinha entre em um estado de hipervigilância como se o mundo fosse um lugar hostil. Isso aumenta os níveis de cortisol, o hormônio do estresse, enfraquecendo o sistema imunológico".

Em pouco tempo, o programa Conectores Comunitários reduziu o número de internações no Centro Médico de Frome,

5. GLOBO NEWS PLAY. *A epidemia da solidão*. Disponível em: <globosatplay.globo.com/globonews/v/7308409/>. Acesso em: 20 maio 2019.

ESTAMOS MERGULHANDO CADA VEZ MAIS FUNDO EM PROBLEMAS DOS QUAIS, SEM UM ESFORÇO COLETIVO, NÃO VAMOS EMERGIR.

propiciando uma economia ao governo de 2 milhões de libras. Cada **uma libra** investida gerou **seis libras** de resultado – um claro exemplo do que é o **lucro social** do qual falarei mais adiante.

Não por acaso, o programa é definido como "um sistema de defesa comunitária" no qual os voluntários são uma espécie de "glóbulos brancos". Novamente, a biologia e seus princípios ensinando a importante lição de que sociedades são organismos vivos nos quais as pessoas precisam funcionar em conjunto, precisam se conectar umas às outras. Não podemos ignorar esse fato e não podemos nos ausentar dos nossos papéis sociais sem que a doença se instale em nós ou na sociedade.

No entanto, por que é tão fácil concordarmos com essas constatações e, ao mesmo tempo, tão difícil fazermos algo a respeito? O psicanalista Robert Waldinger, em sua palestra, apresenta uma hipótese: por sermos humanos, gostamos de resultados rápidos, e investir em relações dá trabalho – e é um trabalho que não cessa.

Eu acrescentaria a essa hipótese outra: estamos sempre, e talvez inconscientemente, alimentando a ideia de que alguém deveria fazer alguma coisa pelo bem-estar coletivo enquanto nós cuidamos do nosso bem-estar pessoal.

O problema não é um ou outro pensando assim. O problema é a maioria pensando assim. O problema são gerações sendo educadas para agirem dessa maneira. Quando todo mundo começa a pensar desse modo, ninguém cuida de ninguém. Sozinhos, não sobreviveremos. Infelizmente, é nessa direção que nossa sociedade pode estar perigosamente caminhando.

Esse é o ponto que diz respeito aos argumentos e metodologias de muitos dos livros de autoajuda e desenvolvimento pessoal, focados em fazer de você **o centro de si mesmo** e **único**

responsável pelo seu sucesso financeiro e profissional, muitas vezes com promessas de resultados rápidos.

As pessoas passam a buscar as ferramentas de autoajuda e de desenvolvimento pessoal exclusivamente como se isso fosse capaz de resolver todas as outras questões da vida, sem considerar a grande teia social na qual todos nos encontramos.

Se o sucesso não vier na medida daquilo que elas sonharam que aconteceria (e ele não vem para todos), a frustração pode colocá-las em um permanente estado de depressão, agressividade ou isolamento.

O que fazer, então?

É justamente essa conversa que lhe proponho agora. Ao escrever este livro, imagino você sentado aqui à minha frente, só nós dois, você ouvindo o que vou lhe dizer e eu ansioso pelas suas reações.

Nos próximos capítulos, vou falar um pouco sobre esse princípio da biologia e da inteligência coletiva que nos rege (e que temos ignorado), mas só até o limite do que preciso para construir meu argumento.

Vou contar sobre como vejo a importância da inteligência emocional, mas também sobre minha crença de que há outra inteligência que precisamos desenvolver, que chamo de **inteligência espiritual** e que não tem a ver com religião. No entanto, ela talvez seja ainda mais importante do que a primeira.

Falarei sobre pessoas que conheci, que colocaram propósitos na própria vida e, ao fazerem isso, tornaram a nossa vida (a minha e a sua) melhor.

Vou descrever os cenários futuros que vejo para nosso planeta e dizer como isso pode nos afetar, afetar os nossos filhos, nossos netos e o que podemos fazer para que o pior não acon-

INTRODUÇÃO

teça. Compartilharei o que aprendi sobre temas como pobreza, mudanças climáticas e os riscos que ameaçam o meio ambiente.

Também falarei sobre minha crença e meu propósito de vida. Vou lhe oferecer um propósito e mostrar como podemos trilhá-lo juntos, mesmo que nossos caminhos nunca se cruzem fisicamente.

Espero que você não me veja como alguém com capacidades especiais ou com vontade de se mostrar super-herói, mestre ou guru. Super-heróis, como aqueles vistos na ficção, não existem e, acredite, não tenho a menor vocação para qualquer tipo de idolatria.

O que existe são pessoas comuns que escolhem um jeito de ser e de estar no mundo que até pode ser visto como um ato de heroísmo, mas que na verdade apenas expressa, justamente, o lado mais humano delas.

Até o fim deste livro espero também que você acredite que podemos ser mestres de nós mesmos. E, se nos dedicarmos, poderemos ficar absolutamente orgulhosos do nosso legado neste mundo.

Não vou pregar filosofias, religiões ou mestres. Tenho minha crença religiosa pessoal, há filosofias que inspiram meu jeito de ser e pessoas que foram verdadeiros mestres para mim sem que nunca ninguém lhes tivesse atribuído esse título.

Apenas acho que não precisamos de religiões ou de mestres para nos tornarmos melhores. Em vez disso, quando nos propomos a ser melhores, aí é que encontramos aquilo que preenche nossa alma nesse campo.

Este livro é sobre o que vi nos mais de vinte anos em que me junto aos que abraçam o desafio de criar uma sociedade menos desigual e mais justa, no Brasil e no mundo.

PESSOAS COMUNS
ESCOLHEM UM JEITO
DE SER E DE ESTAR
NO MUNDO QUE PODE
SER VISTO COMO
UM ATO DE HEROÍSMO,
MAS QUE, NA VERDADE,
APENAS EXPRESSA
O LADO MAIS
HUMANO DELAS.

INTRODUÇÃO

Quando me perguntam o que faço, antes de explicar meu trabalho nos temas socioambientais e em sustentabilidade, digo que sou um privilegiado porque sou pago para encontrar pessoas do bem fazendo boas coisas. Meu ofício é identificar essas pessoas, seus projetos e ajudá-las a ganhar escala e relevância. Aprendo muito com cada uma delas.

Por isso, este livro é uma conversa com a qual eu não pretendo ensinar nada. Apenas compartilhar, inspirar você a pensar e, se possível, a fazer algo a respeito dos temas sobre os quais vou discorrer.

Se as coisas erradas no seu bairro, na sua cidade, no país ou no planeta o incomodam e se você gostaria de poder fazer algo a respeito, mas não sabe por onde começar, como fazer, nem sabe se vai dar conta, este livro é para você.

Se eu conseguir fazer você entender o papel que pode desempenhar por uma sociedade melhor e se você se engajar, a corrente que pretendo que este livro crie terá se expandido em mais um elo: o seu.

É possível que ao final da leitura você conclua que este **é, sim,** um livro de autoajuda, porque talvez ele o tenha ajudado a dar um passo na direção de **outra dimensão do pensamento e da consciência social.**

No entanto, por agora, somos só nós dois. Você e eu nesta conversa. Posso começar?

CAPÍTULO 1

EU SOU NÓS.
NÓS SOMOS EU

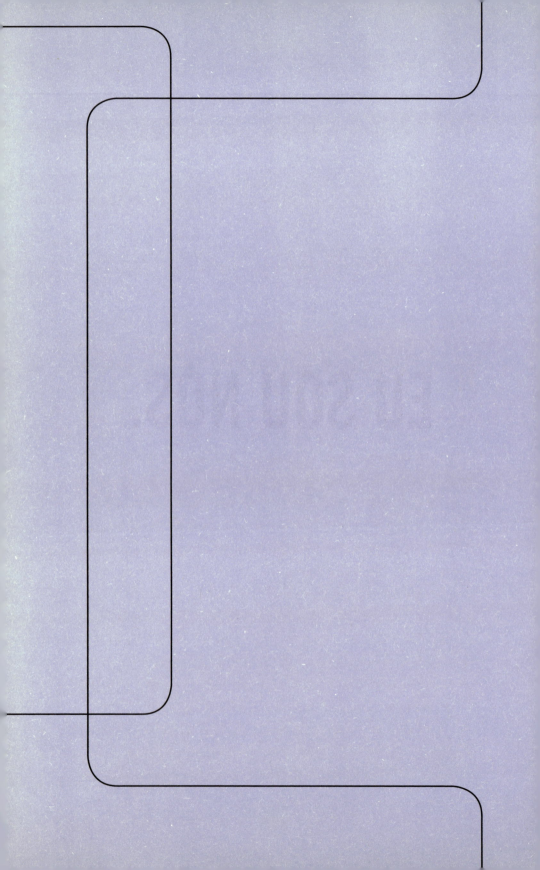

Neste exato momento, seus olhos estão lendo estas linhas e seu cérebro está processando cada palavra, fazendo com que você compreenda as frases e os parágrafos aqui colocados.

Esses órgãos estão trabalhando em conjunto e em primeiro plano, enquanto suas mãos seguram o livro (ou o leitor digital) e seus sentidos monitoram o ambiente constantemente a ponto de você, em instantes, saber se está calor ou frio, se uma luz se acender ou se um cheiro começar a vir de algum lugar.

Os outros órgãos do seu corpo podem não estar sendo conscientemente utilizados, mas nem por isso deixam de cumprir suas tarefas. Seus pulmões se enchem de ar, se esvaziam, seu coração bate, seu aparelho digestório e suas glândulas funcionam, o sangue circula e todo o seu sistema orgânico permanece ativo.

Somos gerados a partir de duas células: uma masculina, o espermatozoide, e uma feminina, o óvulo. As duas células, ao se juntarem, dão início ao princípio da vida.

Ao longo desse processo, essas duas células iniciais vão se multiplicar tantas vezes que, ao nascermos, elas terão atingido a marca dos 10 trilhões de células, cada uma cumprindo sua função específica em nosso corpo: nutrição, proteção, produção de energia e reprodução.

Não é necessário determinar o que cada célula fará (assim como não é necessário mandar que seu pulmão trabalhe ou que seu coração bata). Há uma inteligência atuando que podemos chamar de **inteligência coletiva** do ecossistema que é o nosso organismo.

Quando esse ecossistema interno entra em desequilíbrio, nosso corpo adoece. Isso permite, por exemplo, sermos infectados por bactérias nocivas. Ou desenvolvermos um câncer, que é quando um grupo de células passa a crescer desordenadamente e a invadir tecidos e órgãos.

Dentro de nós habitam bilhões de bactérias cumprindo funções benéficas, assim como o crescimento desordenado de células não é fenômeno tão raro. Porém, nosso organismo cuida permanentemente de regular e controlar esses acontecimentos, evitando que eles dominem o sistema.

Quando o organismo falha nesse controle, o corpo entra em risco. Se a **inteligência coletiva** falha, a harmonia do ecossistema fica comprometida. Se a inteligência coletiva prevalece, o sistema se autorregula e segue em equilíbrio.

A biologia ensina que nosso organismo funciona a partir de um lindo **conceito de coletividade** que nos mostra que "eu sou nós" e que "nós somos eu". A doença é o sinal de alerta de que algo está interferindo nesse elemento básico para a nossa existência.

A VIDA EM DESEQUILÍBRIO

O ser humano foi uma das últimas espécies de vida a ser introduzida no planeta. Claro que há novas formas de vírus e bactérias que surgem de tempos em tempos, mas, apenas para estabelecermos uma linha de raciocínio sobre formas de vida visíveis cujo impacto no ecossistema planetário é direto, podemos nos dar a licença de imaginarmos que nada na natureza surgiu depois da espécie humana. Fomos os últimos a sermos convidados para aqui estarmos.

No processo de estabelecermos nosso espaço no planeta, foi necessário que nos organizássemos. Primeiro, em comunidades. Depois, em cidades e territórios que se tornaram países. Fomos também criando núcleos econômicos, sistemas sociais e políticos.

Dotada de inteligência racional e da capacidade de fazer escolhas, essa organização humana sempre obedeceu a uma lógica, com decisões sendo tomadas com base naquilo que fizesse sentido geográfico, político, econômico ou social.

No entanto, se desde o princípio indivíduos ou grupos de indivíduos, movidos pelo poder ou por determinação, tomaram para si a tarefa de estabelecer as regras e leis que regeriam nossas sociedades a fim de organizá-las, foi também assim que os primeiros problemas começaram a surgir.

Nem sempre as decisões tomadas levaram em conta os interesses coletivos e os impactos negativos na coletividade. Frequentemente, os interesses de alguns se sobrepuseram ao que seria bom para todos.

Foi assim que guerras começaram e que decisões políticas e econômicas levaram (e ainda levam) a humanidade a tensões permanentes, com consequências que experimentamos em nosso dia a dia: a convivência com a pobreza extrema que vemos nas favelas, a violência que nos assusta nas ruas, a devastação ambiental cada vez mais visível.

A despeito da inteligência, o ser humano sempre demonstrou uma enorme dificuldade de encontrar pontos de equilíbrio econômico ou de relações em sociedade.

O planeta Terra e seus mais de 7 bilhões de habitantes já foram comparados a uma nave com uma tripulação seguindo um rumo que parece desgovernado. Nossos desafios sociais e ambientais nunca foram tão preocupantes, e essa situação parece se agravar a cada notícia ou previsão a que assistimos.

A pobreza nunca foi tão grande, o meio ambiente nunca esteve tão ameaçado e as mudanças climáticas seguem sendo contestadas em benefício dos interesses de alguns governantes e corporações.

Pobreza, violência, falta de segurança, dúvidas sobre nossos empregos, medo sobre o que o futuro reserva para nós e nossos filhos... não é preciso ir muito longe na lista daquilo que nos preocupa no campo pessoal.

Da mesma forma, basta olhar à nossa volta: nossa cidade, nossa produção de lixo, os muros que levantamos, os carros que blindamos; basta pensar em tudo o que nos desanima ou nos traz angústia para concluirmos que algo também não vai bem no campo coletivo.

Há várias definições do que é inteligência. Uma delas diz que é: "1. Faculdade humana de conhecer a realidade e compreender o significado dos fatos [...]. 2. Capacidade de resolver problemas novos e adaptar-se a novas situações [...]"[6].

Dotados não apenas de inteligência mas também de outros recursos, buscamos entender por que as coisas estão como estão. É cada vez mais evidente o fato de que nossa sociedade,

---

6. ACADEMIA BRASILEIRA DE LETRAS. *Dicionário escolar da língua portuguesa*. São Paulo: Companhia Editora Nacional, 2008.

há tempos, passou a vivenciar conflitos de todo o tipo: econômico, político, de valores, ético, pessoal, social. Isso tudo está muito bem mapeado e entendido.

Contudo, se por um lado somos competentes nos diagnósticos, por outro nos revelamos incompletos nas respostas. A complexidade dos problemas coletivos, sejam eles em nossa cidade, em nosso país, sejam eles no mundo, aponta cada vez mais para a necessidade de desenvolvermos uma sociedade colaborativa e que compartilhe, justamente, problemas e soluções.

No entanto, como reagimos? Uma vez que os problemas parecem cada vez mais insolúveis, em nome da nossa sobrevivência pessoal ou sanidade mental, vamos nos adaptando a essas situações sem resolvê-las.

Vamos aceitando que "a vida hoje em dia é assim, antes não era, já foi melhor" e várias outras afirmações que nos colocam perigosamente em uma zona de conforto ou de imobilidade.

Compreendemos o que se passa, no entanto, em vez de resolver conflitos, nos adaptamos às novas situações que são impostas, ainda que elas piorem pouco a pouco nossos estados emocionais ou coloquem em risco nossa segurança econômica.

Enquanto o nosso organismo se vale da **inteligência coletiva** para se autorregular e não comprometer o sistema interno quando algo não funciona como deveria, somos cada vez mais ensinados a encontrar saídas individuais que nos protejam, na medida em que nosso país ou o mundo parecem seguir a caminho de um futuro incerto ou, pior, de um colapso.

"Viva a vida em equilíbrio" é uma recomendação que todos já ouvimos. Nossa primeira reação é pensarmos em nós mesmos: como trabalhar muito e não se estressar, como obter

NOSSO ORGANISMO FUNCIONA A PARTIR DE UM LINDO CONCEITO DE COLETIVIDADE QUE NOS MOSTRA QUE "EU SOU NÓS" E QUE "NÓS SOMOS EU".

sucesso profissional e não fracassar na vida íntima, como diminuir o ritmo e não comprometer resultados.

A questão é que essa recomendação deveria também nos fazer pensar que não estamos sozinhos. Há outras vidas aí fora para além da nossa. Nenhum de nós é eremita ou vive isolado a ponto de não depender absolutamente de nada nem de ninguém. E não dá para ser equilibrado em uma sociedade desequilibrada.

"A pessoa que é sábia, mas egoísta, cuida dos outros." É preciso resgatar e ressignificar o conceito de inteligência coletiva e trazê-lo ativamente para nossa vida, para que tenhamos consciência de que, se quisermos proteger a nós mesmos, será necessário começarmos a cuidar dos outros. É preciso combater o isolamento ao qual nos submetemos inconsciente, mas também confortavelmente.

A tecnologia nos deu as redes sociais, que, por sua vez, nos dão a sensação de estarmos em permanente conexão com quem quisermos. Podemos estar ligados a dezenas, centenas, milhares de pessoas virtualmente. Contudo, nosso cérebro não entende essa conexão como similar à do abraço, do toque, da conversa ao vivo.

É sabido que o bebê precisa, desde os primeiros momentos de vida, do contato, do seio, do cheiro materno para se sentir seguro e para a formação dos vínculos que vão colaborar para o seu desenvolvimento emocional. Essa necessidade de contato com o outro continua mesmo depois de nos desenvolvermos completamente.

É no cérebro, desde o parto, que nosso organismo produz a oxitocina, um hormônio que há muito a medicina define como o "hormônio do amor": quanto mais interações sociais e afetivas, mais nosso cérebro o produz e maior a sensação de bem-estar associada.

Quando, ao contrário, diminuímos a sua produção (e o isolamento social é um bom caminho para essa diminuição), nos tornamos agressivos, ansiosos ou depressivos.

QUANDO AS AÇÕES DOS OUTROS NOS AFETAM

Frequentemente nos deparamos com alguém empreendendo ações que nos agridem ou nos afetam, seja em nossos valores, nossa visão de justiça, seja simplesmente em nosso conceito de cidadania.

Quantas vezes você constatou situações ruins que foram causadas por indivíduos ou por grupos de poder atuando em causa própria?

É assim que agem certos núcleos políticos, o crime organizado ou determinados segmentos da sociedade. Ignoram deliberadamente que há todo um resto (população, camadas mais pobres da sociedade, meio ambiente) que pode sofrer sérias consequências por conta de seus atos.

É o que se passa quando uma empresa faz uso de componentes quimicamente nocivos na composição de seus produtos para obter ganhos de escala e aumentar lucros. Ou quando uma corporação tem processos produtivos que causam danos ambientais e ela tenta, ao máximo, esconder o problema para não ter que ser obrigada a achar meios de eliminá-lo.

Não é diferente de quando um governo toma decisões para atender ao *lobby* (interesse) de grupos específicos fazendo com que alguns ganhem muito enquanto a maioria perde.

Ou quando um sistema vai ao limite da exploração dos recursos humanos ou naturais para maximizar lucros. Há toda uma construção inteligente por trás desses atos.

Pode parecer estranho classificar essas ações como "inteligentes", mas inteligência diz respeito à capacidade de **conhecer, compreender** e **aprender**. Governos ou empresas são entidades abstratas, e o ponto aqui é percebermos que todas essas situações resultam de processos muito concretos.

Esses processos se dão baseados em decisões tomadas **por pessoas** no comando de empresas e governos. E essas pessoas são dotadas da capacidade de **conhecer as situações**, de **compreender riscos** e de **aprender o certo ou o errado**. A partir disso, elas agem deliberadamente e com consciência – ainda que esta possa não ser positiva.

O curioso é que, mesmo se somássemos todas as pessoas do mundo com poder para tomar decisões que impactam nossa vida, elas ainda seriam um número bem menor do que os mais de 7 bilhões de habitantes do nosso planeta. Portanto, não é errado afirmar que **a decisão de poucos afeta a vida de muitos**.

Talvez, por essa razão, inconscientemente somos levados a pensar que **cabe a alguém**, que não nós, a solução daquilo que nos incomoda. Como se nos sentíssemos incapazes de resolvermos o problema ou de, ao menos, participarmos da solução.

No entanto, existe também o outro extremo. Quando nos colocamos no centro e nos esquecemos de que **as nossas ações também afetam os outros**.

AUTOAJUDA E INDIVIDUALISMO

Na introdução deste livro, mencionei uma espécie de falha que enxergo na maioria dos programas de desenvolvimento pessoal e na busca pelos livros de autoajuda. Quero aqui explicar um pouco mais sobre a minha percepção dessa busca.

As empresas vão sempre valorizar pessoas com garra, competitivas e dispostas a dar o seu melhor para crescerem e fazerem a empresa crescer. Pessoas que não se valorizam, com baixa autoestima ou sem garra terão poucas chances de prevalecer no mercado de trabalho.

Diante disso, realmente acredito na importância que livros e programas de desenvolvimento pessoal têm no estímulo e treino das capacidades individuais e na tarefa de formar profissionais, empreendedores e adultos capazes de lidar com os diversos desafios que a vida traz tanto no trabalho quanto nos assuntos individuais.

A questão é que, ao colocarem foco exclusivamente no indivíduo, tornando-o o centro de si mesmo, a maioria das metodologias desses livros e programas colabora, quase inadvertidamente, para a criação de uma geração de pessoas que vão buscar satisfação pessoal ou profissional **a qualquer custo**, sem levar em conta os efeitos dessa decisão em sociedade.

Imagine-se por alguns instantes na frente das prateleiras dos livros ou recorde-se da última vez que esteve em uma livraria e reflita sobre os títulos das seções de autoajuda e desenvolvimento pessoal. A maioria dos livros está centrada em despertar qualidades e virtudes apontando para caminhos de superação, competição e quebra de limites.

Analise também a linha de raciocínio que apresentam. O problema é **a pessoa** com suas crenças e apegos. A solução

está nela. O benefício **é dela**. Raramente é apontado o benefício, para a sociedade, de um mundo onde pessoas se tornem melhores profissionais, melhores empreendedores, melhores parceiros, melhores pais ou melhores líderes comunitários. O ganho apresentado é sempre **individual**.

Mesmo quando os conceitos de **inteligência emocional** se expandiram, a partir de uma forte onda que ganhou relevância em empresas que passaram a considerar vários dos seus princípios para a contratação de profissionais, a questão da abordagem individual prosseguiu sendo, talvez erroneamente, utilizada.

Apesar de o conceito de inteligência emocional ser expresso *na capacidade de o indivíduo entender e administrar suas emoções, reconhecendo e entendendo a influência das emoções dos outros*[7], a aplicação desse princípio acaba sendo pouco (ou nada) utilizada para o exercício da emoção como uma forma de despertar sentimentos de **compaixão** e **solidariedade** em sociedade.

A teoria que prevalece, na prática, é que a inteligência emocional pode ser duas vezes mais efetiva do que a inteligência racional e as habilidades profissionais para determinar o **sucesso do indivíduo**.

Novamente, o risco está na busca da inteligência emocional **apenas como uma ferramenta determinante** para o sucesso individual.

O problema é que um dos mais perversos efeitos colaterais de agirmos sem pensar no outro é acabarmos nos tornando cada vez mais incapazes de nos sensibilizarmos com a dor do outro. De exercitarmos empatia. De nos colocarmos no lugar do outro.

---

7. Procurei sintetizar nessa frase as dezenas de expressões que buscam definir o conceito de inteligência emocional, termo criado por dois pesquisadores, Peter Salavoy e John Mayer, e popularizado em 1996 por Daniel Goleman.

É por essa razão que gosto do conceito da **inteligência espiritual**. Ela não tem a ver com religião ou crenças de qualquer espécie.

Ao contrário, a inteligência espiritual diz respeito à nossa **essência humana**, à **inteligência coletiva** que nos alerta a não buscarmos o isolamento social porque ele nos adoece individualmente e como sociedade. A inteligência espiritual que proponho é traduzida pela capacidade de termos um sentimento do mundo e de fazermos algo a respeito.

Essa inteligência diz respeito à intuição, que se manifesta às vezes na forma do incômodo que ressoa em nossa mente (e para muitos, em nossa alma), de que "algo não vai bem" na sociedade, no planeta, pouco importando se você vai atribuir essa manifestação a uma condição religiosa ou suprassensorial. Mesmo porque qualquer análise racional chega à mesma conclusão.

A inteligência espiritual deveria ser estimulada desde cedo nas escolas e praticada nas empresas. Veja que muitas vezes observamos crianças e jovens que parecem não ter aprendido a dividir ou a respeitar os espaços alheios. Uma geração que troca interações pessoais por relações virtuais e que não assimila conceitos de empatia ou de solidariedade com facilidade – o Brasil, por exemplo, é um dos países com os mais baixos índices de envolvimento de jovens em programas de voluntariado do mundo[8].

Não é surpresa constatar que talvez essa geração esteja apenas reproduzindo os modelos encontrados em seus núcleos familiares ou sociais, que não os encorajam ao envolvimento cívico, comunitário ou ao simples engajamento voluntário em ONGs e causas.

---

8. Dados da Pesquisa Nacional por Amostras de Domicílio (Pnad), do Instituto Brasileiro de Geografia e Estatística (IBGE), publicada em 2016 e que vem sendo anualmente revisada por pesquisadores e organizações sociais.

Uma pesquisa realizada pela Universidade Harvard com jovens estadunidenses investigou quais eram seus objetivos de vida, e 80% dos entrevistados responderam "ficar rico". Desses, a metade acrescentou "ser famoso"[9].

No Brasil e em outros países como a Inglaterra, investigações similares apontaram para um resultado ainda mais preocupante. É expressivo o número de jovens que não consegue traçar um objetivo de vida. Quando o fazem, não vão muito além de respostas genéricas como "ser feliz" ou "ter estabilidade financeira", sem, no entanto, saberem o que fazer para alcançar isso[10].

Não por outro motivo, muitas escolas privadas passaram a adotar informalmente uma disciplina que chamam de **Projeto de vida**, uma metodologia largamente utilizada por organizações da sociedade civil (conhecidas como ONGs) que trabalham com adolescentes e jovens justamente para trazer luz ao tema e reflexão entre eles.

No caso dessas organizações, a metodologia de desenvolver projetos de vida mostrou-se necessária porque as populações atendidas são oriundas das camadas mais excluídas da nossa sociedade. Sem perspectivas econômicas e financeiras, vivendo à margem da sociedade, adolescentes e jovens pobres têm uma natural dificuldade em traçar metas, mais ainda em saber como atingi-las.

Portanto, ainda que nas escolas particulares os adolescentes e jovens venham de uma condição familiar e econômica privilegiada, fazê-los traçar um projeto de vida é uma forma de

---

9. TED. *Do que é feita uma vida boa? Lições do mais longo estudo sobre felicidade.* Disponível em: <www.ted.com/talks/robert_waldinger_what_makes_a_good_life_lessons_from_the_longest_study_on_happiness>. Acesso em: 15 maio 2019.

10. O tema tem sido objeto de atenção de diversos estudos de marketing, antropologia e sociedade.

A PARTIR DO MOMENTO EM QUE ESCOLHERMOS EXERCITAR UMA NOVA ÉTICA, ESTAREMOS MANIFESTANDO A NOSSA INSATISFAÇÃO COM O QUE NOS INCOMODA.

ajudá-los, justamente, a reconhecer suas capacidades intelectuais e até mesmo as capacidades financeiras e, a partir disso, auxiliá-los a encontrar um propósito.

Não é difícil imaginar que, se nada for feito, o ambiente do mundo nas mãos de uma geração de pessoas apáticas e sem rumo poderá reproduzir, cada vez mais, situações de individualismo ou prevalência da lei do mais forte: aquela que faz acreditar que quem não se adaptar terá reduzidas ou, simplesmente, **anuladas** as chances de uma vida digna.

Uma geração que busque o sucesso a qualquer custo fará com que alguém sempre pague o preço. Uma geração que não saiba para onde ir vai demorar ainda mais para encontrar o caminho certo.

Não apenas ao pensar na juventude, mas talvez também ao olhar todo o resto, é provável que você pense que há muita coisa errada e que o ideal seria, **de verdade**, podermos mudar o mundo. A esse respeito, tenho duas notícias.

A má notícia: não é impossível, mas não é tarefa fácil mudar o mundo. Temos essa esperança, mas também muitas dúvidas se essa mudança realmente acontecerá e sobre como desejamos que ela seja. É, talvez, um sonho que vamos carregar ainda por um bom tempo. Enquanto formos sozinhos nessa aspiração, seremos também poucos para a concretizar.

A boa notícia: é possível mudar a forma como nos relacionamos com o mundo. É possível fazer algo que vai mudar nossa percepção e aumentar nosso grau de satisfação pessoal. É possível fazer parte da construção de uma **ética para o novo milênio** e criar um legado.

Se tantas vezes você se pega pensando que gostaria de fazer algo, mas não sabe o que nem por onde começar; se você concorda que não dá para esperar que alguém venha nos salvar; ou se puramente, por uma satisfação pessoal, gostaria de se sentir útil para a sociedade, então você está pronto para dar o primeiro passo na direção de uma **transformação pessoal** que vai ser boa para você, mas vai ser **muito melhor** para as tantas pessoas que se beneficiarão da sua decisão.

Se decidir dar o próximo passo nessa direção, isso fará de você uma pessoa **emocionalmente mais inteligente**, porque você aprenderá novas formas de trabalhar sua automotivação e de seguir em frente apesar das frustrações que a vida sempre traz.

Principalmente, fará de você uma pessoa **espiritualmente mais inteligente**, pois você passará a exercitar a capacidade que somente nós, seres humanos, com todos os nossos defeitos, temos: a de nos sensibilizarmos e nos solidarizarmos com o outro, fazendo da nossa contribuição para o bem comum um grande combustível para a nossa satisfação e o nosso crescimento pessoal.

A sua decisão de ser uma pessoa melhor afetará positivamente dezenas, centenas, milhares de pessoas. E esse será o seu legado e a melhor expressão de si mesmo para o mundo.

Eu sou nós. Nós somos eu. O título na abertura deste capítulo é uma provocação e uma proposta: a de termos consciência de que não somos sozinhos nem estamos sós. Por isso não deveríamos agir como se as nossas decisões ou, pior, as nossas omissões não afetassem outras pessoas.

Mesmo se concluirmos que não é possível mudar o mundo, podemos não concordar com o mundo. Podemos escolher ter um papel ativo em prol do bem coletivo. Podemos abraçar **um novo jeito de ser e de estar no mundo**.

A partir do momento em que escolhermos exercitar uma nova ética para este milênio, manifestaremos a nossa insatisfação com o que nos incomoda, porém, principalmente, estaremos fazendo algo a respeito e teremos rompido com a prisão da imobilidade.

Não se traçam novas rotas sobre velhos mapas. Tenho repetido exaustivamente essa frase ao longo de minha vida, em artigos e palestras. O que proponho neste livro não é uma nova rota, mas um novo mapa para sermos pessoas melhores – para nós mesmos e para a nossa sociedade. Principalmente, para a criação de uma geração de pessoas mais capazes de desenvolverem outra consciência de mundo e de fazerem a coisa certa, do jeito certo.

CAPÍTULO 2

ÉTICA PARA
O NOVO MILÊNIO

Anos atrás, ajudei uma empresa do setor automotivo a definir e implantar o seu código de ética, um manifesto que expressava tudo aquilo que a empresa julgava correto ou condenável nas relações com os colaboradores, os fornecedores, o governo, o meio ambiente e a sociedade em geral.

O trabalho foi desenvolvido em parceria com a presidência, os diretores e a alta gerência da organização. Na sequência, foi debatido e validado com os supervisores e chefes de setores. Chegou então a hora de apresentar o código de ética para os colaboradores mais simples, os chamados "chão de fábrica".

A exposição seria feita pelo próprio presidente. Os colaboradores foram reunidos no galpão principal da fábrica e, antes que o presidente começasse a falar, tão logo o título da apresentação foi projetado na tela, um dos funcionários perguntou: **"O que é ética?"**.

O presidente pensou por alguns segundos e respondeu: "Ética é quando você pode chegar em casa à noite e contar para a sua família tudo o que fez no dia, sem esconder nem se envergonhar de nada".

Há definições mais profundas sobre o que é ética. Mas jamais esqueci a simplicidade com a qual o conceito foi explicado ali, pois trouxe uma aplicação muito prática para todos.

Se formos capazes de passar o dia sem nenhum comportamento reprovável, seja por nossa consciência, seja por parte daqueles com quem convivemos, provavelmente teremos vivido mais um dia de forma ética.

No entanto, só cuidar disso não basta. Não construiremos uma sociedade mais justa nem teremos a segurança de um futuro mais promissor apenas evitando o errado. É necessário **buscar ativamente o certo**.

Há, por exemplo, pelo menos três aspectos da vida nos quais é possível escolhermos expressar, ativamente, a ética que acredito ser necessária para o novo milênio.

O primeiro aspecto é o da nossa relação **com o planeta**, proposto pelos princípios da **sustentabilidade**. O segundo é a nossa relação **com os outros**, proposto pelo conceito da **empatia**. E o terceiro aspecto diz respeito a **nós mesmos** e ele é proposto pela nossa **consciência**.

PRIMEIRO ASPECTO: SUSTENTABILIDADE E SOLIDARIEDADE INTERTEMPORAL

Nos últimos anos, o tema sustentabilidade passou a ser um conceito largamente utilizado em empresas e, mais recentemente, nas escolas. Esse conceito começou a ganhar força a partir do momento em que a sociedade se deu conta de que nosso planeta tem recursos naturais limitados, como água e ar limpos.

Em um primeiro momento, grandes corporações passaram a rever seus meios de produção e de distribuição de produtos apenas porque essas atividades, se não forem exercidas de forma responsável, podem colaborar para acelerar a degradação ambiental, quando não com verdadeiras catástrofes como as tantas que já testemunhamos.

As empresas, porém, tiveram que ir além: atualmente, os conceitos de sustentabilidade se expandiram para abrigar também preocupações como o trabalho escravo e o trabalho infantil, envolvendo até mesmo o monitoramento de toda a cadeia de fornecedores dessas empresas.

Viver de modo sustentável, para empresas e para pessoas, passou a designar a consciência de que fazemos parte de uma **grande teia social**. Por isso o conceito foi tão bem-vindo quando passou a ser incorporado também por escolas, ainda que de maneira talvez incipiente – mas já importante.

É atribuída a Rubens Ricupero, jurista, historiador e diplomata brasileiro, a definição de que "sustentabilidade é a solidariedade intertemporal". Nessa afirmação, Ricupero sugere a importância de sairmos da visão e das práticas que visem ao bem-estar imediato e de curto prazo, expandindo esse olhar (e a consciência) para além dos tempos atuais. Temos responsabilidade sobre o estado do mundo que deixaremos para o futuro.

A solidariedade intertemporal é a que considera que aquilo que fazemos **hoje** reflete no **amanhã**. Ela precisa ser praticada para que as gerações futuras possam desfrutar do planeta como nós desfrutamos e isso tem que incluir, obrigatoriamente, eliminar não apenas a degradação ambiental mas também todo e qualquer tipo de degradação humana, como o trabalho infantil, o trabalho escravo, a falta de acesso a sistemas de educação e

NÃO CONSTRUIREMOS
UMA SOCIEDADE MAIS
JUSTA NEM TEREMOS
A SEGURANÇA DE
UM FUTURO MAIS
PROMISSOR APENAS
EVITANDO O ERRADO.
É NECESSÁRIO BUSCAR
ATIVAMENTE O CERTO.

saúde e a desigualdade de gênero – mulheres ganhando menos do que homens para desempenhar as mesmas funções, apenas para citar um exemplo.

SEGUNDO ASPECTO: EMPATIA E CAPACIDADE DE NOS COLOCARMOS NO LUGAR DO OUTRO

Uma das mais importantes bandeiras educacionais e que tem sido objeto de atenção nas escolas de diversos países, do Brasil inclusive, diz respeito à necessidade de trabalhar formalmente a prática da empatia desde a infância.

O movimento, que começou em 2009 nos Estados Unidos e já se expandiu para mais de trinta países, no Brasil ganhou a denominação de "**Escolas Transformadoras**" e é liderado pela Ashoka, entidade internacional que reúne as melhores ONGs do mundo, e pelo o Instituto Alana, uma organização social brasileira que "trabalha para encontrar caminhos transformadores para as novas gerações", como afirmam.

A proposta e o pensamento que ancoram esse movimento são a constatação de que as crianças estão crescendo em um mundo no qual a **competitividade** se sobrepõe cada vez mais à **afetividade**.

As escolas são, assim, um espaço privilegiado para incentivar, desde cedo, que crianças e jovens "assumam um papel ativo diante das mudanças necessárias, em diferentes realidades sociais e amparados por valores e ferramentas como a empatia, o trabalho em equipe, a criatividade e o protagonismo", conforme explica o site das Escolas Transformadoras.[11]

---

11. ESCOLAS TRANSFORMADORAS. Disponível em: <https://escolastransformadoras. com.br/>. Acesso em: 20 maio 2019.

Se, cada vez mais, diversas escolas identificam que crianças e jovens que ainda não se lançaram no mundo do trabalho já vivem em ambientes altamente competitivos e que isso pode trazer reflexos nocivos como apatia ou agressividade, o que dizer da vida adulta, na qual a disputa por espaço em empresas e em sociedade é uma constante?

Talvez nunca antes na trajetória da humanidade tenha sido tão necessário lidar, nos contextos escolares e familiares, com os níveis de estresse e de ansiedade que crianças e adolescentes apresentam desde cedo.

Atividades artísticas, contato com a natureza, dinâmicas de solidariedade, pedagogias como a de escolas que seguem o método Waldorf, que propõe o entendimento da evolução do ser em dimensões emocionais, mentais e espirituais, e que a partir desses conceitos criam grades curriculares, são cada vez mais valorizadas por pensadores da educação.

Há um vasto arsenal de propostas e de ações do qual escolas e educadores lançam mão na tentativa de encontrar outros "remédios" que não sejam os ansiolíticos que passaram a ser consumidos por uma geração que parece adoecer cada vez mais cedo.

TERCEIRO ASPECTO: O NOSSO LEGADO PESSOAL

Tempos atrás, a revista *Der Spiegel*, uma das mais prestigiosas da Alemanha, publicou uma matéria de capa com o título "Os salvadores do mundo".

A edição trazia uma reportagem especial sobre o que personagens como Bill Gates (o bilionário criador da Microsoft), Angelina Jolie (atriz, ativista e embaixadora da ONU), Muhammad

Yunus (criador do microcrédito), Bill Clinton (ativista e ex-presidente dos Estados Unidos), Richard Branson (empresário e ativista) e Al Gore (político estadunidense e ativista) estavam fazendo para tornar o nosso mundo melhor.

Além deles, tive a felicidade de ter meu trabalho reconhecido nessa mesma matéria e ter sido colocado ao lado dessas grandes figuras. Fiquei absolutamente envaidecido e agradecido por tamanho prestígio.

Porém, no fundo, a abordagem da revista me deixou um pouco incomodado. Ela retratava todos como **super-heróis** dedicados a se engajar em causas e a resolver nossos mais urgentes problemas sociais e ambientais. A ilustração de capa da revista, inclusive, trazia esses personagens vestidos com capas de super-heróis e voando.

É louvável que alguém que tenha dinheiro e prestígio use isso para criar movimentos sociais e para defender causas ambientais. Dinheiro e prestígio são poderes capazes de grandes transformações e certamente tornam tudo mais fácil – por mais difícil que seja.

No entanto, eu estava ali entre eles e muito longe de ter o dinheiro ou prestígio dos meus colegas de reportagem. Eu estava ali sem poderes, muito menos **superpoderes**.

Mais ainda: eu pensava nas centenas de pessoas que conheci ao longo dos últimos vinte anos. Gente que criou organizações sociais e ambientais para combater a pobreza ou que fez da luta pela proteção do meio ambiente o seu meio de vida.

Pessoas quase invisíveis para a mídia, mas que abraçaram causas importantes e ajudaram a sustentar movimentos e a descobrir soluções que nenhum dos personagens dessa matéria da revista, com todo o dinheiro e prestígio, descobriu.

A matéria na *Der Spiegel* elogiava a posição que essas celebridades assumiram ao tomarem para si a tarefa de ajudar a resolver graves problemas socioambientais.

No entanto, sem querer, a matéria também reforçava a visão de que só uma celebridade ou alguém poderoso que tenha condições financeiras ou alguma posição de prestígio pode causar um impacto rápido e positivo no mundo. **E essa seria uma conclusão errada**.

Foi então que concluí que havia algo em comum entre elas. Sabe o que a Angelina Jolie, o Bill Gates e essas centenas de pessoas das organizações sociais e ambientais têm em comum?

Começa por elas terem percebido que os modelos de desenvolvimento da nossa sociedade têm dado sinais de alerta, nos últimos anos, de que alguma coisa não vai bem. Quando você entende isso, percebe que não dá para agirmos como se não houvesse amanhã, porque **há um amanhã** – se não para nós, para nossos filhos e netos.

Passa por entender que não dá para colocarmos a miséria ou a pobreza longe de nós como se essas condições nunca nos fossem atingir. Erguer muros, blindar carros (e também corações), criar bolhas de relacionamento onde possamos viver supostamente seguros **não é solução**.

Com base nessas constatações, essas pessoas decidiram que não passariam pela vida assistindo ao que acontece sem fazer nada a respeito. Então elas resolveram agir. Cada uma delas, celebridade ou pessoa comum, o fez no tamanho ou no limite do que dariam conta. No limite daquela que seria a sua capacidade mental, financeira ou de tempo.

Umas emprestam imagem e prestígio. Outras disponibilizam recursos financeiros. Muitas criam organizações sociais e ambientais ou apoiam aqueles que o fazem, sendo voluntárias, conselheiras, mobilizadoras e divulgadoras de causas.

Em vez de **esperar por salvadores do mundo**, elas tomaram para si esse papel. Isso explica a capa da *Der Spiegel* e a imagem dos super-heróis. Porque, para quem olha de fora, parece mesmo que a pessoa virou alguém especial.

Talvez tenhamos que aceitar que, nos tempos atuais, ser uma pessoa ética, que dá valor às relações interpessoais, capaz de reservar um tempo para um voluntariado ou uma ação de solidariedade, que respeita os espaços alheios e não busca a satisfação pessoal a qualquer custo (especialmente ao custo do prejuízo do outro) realmente faz alguém parecer ser muito especial.

Tão especial que muitos vão chamar essas pessoas de ETs. Outros vão achar que são mesmo heróis. Vai ter quem preferirá classificá-las de ingênuas. Eu prefiro olhar essas pessoas como **eticamente insensatas**. E, acredite, esse é um enorme elogio.

O PODER DAS PESSOAS INSENSATAS

Essa é a tradução literal do título de um livro publicado há alguns anos na Inglaterra, escrito por John Elkington e Pamela Hartigan, disponível também no Brasil sob o título *Empreendedores sociais* (Elsevier, 2009).

A inspiração para o título veio do renomado dramaturgo e jornalista irlandês George Bernard Shaw, que certa vez escreveu mais ou menos isto: "O homem sensato olha o mundo e busca se adaptar à forma como as coisas são. Já o insensato, não concordando com a forma como o mundo funciona, decide

ALGO TÃO SIMPLES QUANTO PRESTAR ATENÇÃO NO QUE ESTÁ À NOSSA VOLTA E ESCOLHER UM PROPÓSITO E ATUAR A PARTIR DELE É O QUE EU CHAMO DE ÉTICA PARA O NOVO MILÊNIO.

adaptar o mundo a ele. Portanto, cabe aos insensatos o poder de transformar o mundo".

Angelina Jolie, Bill Gates e muitas das pessoas que conheci ao longo da minha carreira, e sobre as quais vou falar mais adiante, resolveram que seriam, cada uma a seu modo, **insensatas**. E isso é muito bom.

É essa insensatez e inconformismo que fazem com que essas pessoas, famosas ou anônimas, tenham algo em comum. Não faz sentido aceitarmos que nestes tempos as violências verbal, emocional ou física sejam as formas de expressão.

Não há como fecharmos os olhos para o crescimento da pobreza e para a degradação ambiental achando que o fato de as ignorarmos, ao mesmo tempo, nos protegerá das consequências.

Somos dotados da capacidade de fazer escolhas e de mudar o curso do nosso próprio desenvolvimento. Uma das expressões da nossa capacidade de fazer escolhas se manifesta quando escolhemos viver uma filosofia ou uma religião, tentativas humanas de organizar uma vida baseada em **princípios** e **éticas** que vão pregar, entre outras coisas, que a pessoa viva sem fazer mal ao outro. Se possível, que a pessoa seja **ativamente boa**.

No entanto, ninguém precisa necessariamente abraçar uma filosofia ou ter uma religião para ser uma pessoa ativamente boa ou ética.

Dá para fazer algo tão simples quanto **prestar atenção** no que está à nossa volta, **escolher um propósito** e atuar a partir dele. Isso é o que eu chamo de **ética para o novo milênio**.

Um jeito de ser e de estar no mundo que nos permita deixar um legado do qual nos orgulharemos.

CAPÍTULO 3

O CAÇADOR DE ANJOS

Quando fazemos um investimento, esperamos que ele gere dividendos. Seja uma aplicação financeira, seja a compra de um imóvel, seja a alocação dos nossos recursos em um novo negócio, esperamos ter pelo menos dois retornos: **satisfação pessoal** (fiz certo) e **lucro** (deu certo).

Pouco importa se a quantia que você tem para investir é pequena ou grande. Você não vai estar disposto a perder.

Este livro não é sobre investimentos financeiros. Mas nem por isso o raciocínio que vou apresentar passa longe dos lucros. A diferença é o tipo de lucro. A lógica é a mesma (fazer certo e dar certo); o retorno é que muda. Por isso eu o chamo de **lucro social**, cujo princípio também está na satisfação pessoal.

O lucro social do qual falarei tem a ver com vários dos temas que abordei até aqui: ele diz respeito à inteligência coletiva, ao cuidar do outro, à inteligência espiritual e até mesmo à produção de oxitocina (o "hormônio do amor"). O lucro social tem a ver, acima de tudo, com as melhores e mais humanas expressões da nossa essência.

Contudo, antes de apresentar esse conceito, deixe-me falar sobre **filantropia**. A palavra vem das expressões gregas *philos* e *anthropos*, que juntas podem ser traduzidas como "amor ao ser humano" ou "amor à humanidade".

A filantropia é praticada no mundo desde os tempos mais antigos, talvez desde o princípio da humanidade, e durante muitos séculos o termo representou (ainda representa) o gesto de ajuda ao próximo, a doação feita como ajuda humanitária.

Também durante séculos as coisas foram mantidas separadas: **pessoas** faziam doações; **empresas** geravam riquezas. O mundo era **compartimentado**: "aqui eu ganho dinheiro, ali eu faço filantropia".

Eventualmente, donos de empresas faziam doações a partir de seus recursos pessoais e eram assim conhecidos como **filantropos**. Governos e entidades religiosas, por obrigação ou vocação, lidavam com questões sociais.

À medida que as sociedades evoluíram e apesar dos benefícios que o progresso, a industrialização e, posteriormente, a tecnologia trouxeram, as desigualdades foram ficando cada vez mais evidentes.

Os problemas sociais se tornaram mais complexos porque ao mesmo tempo que nossa sociedade passou a produzir mais riqueza, essa riqueza não foi capaz de incluir a todos, indistintamente, no estado de bem-estar social.

Nasce daí a expressão **exclusão social**, para definir pessoas vivendo uma condição de pobreza ou miséria que as coloca fora da proteção desse estado de bem-estar social e, portanto, sem condições dignas de subsistência.

O mundo se desenvolveu a partir de um sistema econômico sustentado por empresas. Quando os problemas sociais começaram a se agravar, a sociedade passou a demandar soluções capazes de responder a esse agravamento.

É então que surge o conceito de **responsabilidade social corporativa**, termo empregado para definir as ações de empresas em prol de uma causa ou um projeto social.

Empresas passaram a assumir um papel e a se engajar no campo da filantropia, muitas delas criando, inclusive, fundações para organizar melhor essas respostas.

As razões que moveram, ao longo de muitos anos, as empresas a aderir às causas sociais e ambientais foram as mais diversas. Da vontade de realmente fazer algo pelo bem comum, aos valores dos seus fundadores e dirigentes ou simplesmente por estratégias de marketing.

Mas talvez a melhor definição da importância do papel das empresas nesse campo venha de Fábio Barbosa, que durante anos presidiu o ABN Amro Bank e posteriormente o Santander. Segundo ele, "não é possível haver empresas bem-sucedidas em sociedades falidas".

De certa forma, as empresas perceberam que não poderiam se isolar dos problemas da sociedade como se isso não as fosse afetar ou como se as soluções devessem vir apenas dos governos ou das organizações da sociedade civil. Uma sociedade cada vez mais pobre consome cada vez menos.

Seja por **egoísmo** para assegurar a sua própria existência, seja por **altruísmo** para ajudar a resolver os problemas que ONGs e governos sozinhos não conseguem, mesmo que alguém julgue que as empresas possam agir em **causa própria**, elas colaboram para o **bem comum** da sociedade e isso é fundamental para que a própria empresa exista no futuro.

Onde, então, entra o conceito de **lucro social**?

AO MESMO TEMPO
QUE NOSSA SOCIEDADE
PASSOU A PRODUZIR
MAIS RIQUEZA,
ESSA RIQUEZA NÃO
FOI CAPAZ DE
INCLUIR A TODOS,
INDISTINTAMENTE,
NO ESTADO DE
BEM-ESTAR SOCIAL.

Diferentemente dos bichos e de outras formas de vida no planeta, o ser humano é o único que precisa da **busca ativa** pelo prazer. Precisa ser estimulado a fazer vínculos. O tempo todo nos equilibramos entre frustração e recompensa, ganho e perda, certo e errado.

Somos racionais e dotados da capacidade de fazer escolhas. Mas nem a nossa mais afiada racionalidade apaga algo que vem das nossas ancestralidades mais remotas, como uma espécie de DNA do nosso genoma humano: o **instinto de sobrevivência** que nos trouxe até o século XXI.

Desde os tempos das cavernas, aprendemos instintivamente a nos juntar em bandos para enfrentar os nossos predadores – os animais que poderiam nos atacar a qualquer momento do dia ou da noite.

Civilizações antigas se desenvolveram organizadas em tribos. Nações foram criadas a partir do movimento de grupos nômades. Religiões se estabeleceram porque grupos de pessoas assim o quiseram. Sistemas econômicos prosperaram melhor em sociedades que souberam reconhecer a importância do bem-estar social coletivo.

Todas as vezes em que o ser humano quis preservar sua espécie, ele o fez **em grupo** e **pelo grupo**. A **inteligência coletiva** estimulada pelo instinto de sobrevivência cuidou de organizar as respostas necessárias para o enfrentamento do que pudesse ser o impedimento para o alcance do que estava posto como meta necessária ou desejada.

Todas as vezes em que a humanidade investiu nela própria, ela ganhou com isso. Como no ditado atribuído a dalai-lama, "quando a necessidade mandou cuidar de si e a humanidade cuidou do outro, foi também quando ela se mostrou mais sábia".

Lucro social é uma expressão para ajudar você a sintetizar a proposta deste livro: há um resultado visível e transformador ao seu alcance, a partir do momento em que você decidir **investir** para se tornar uma pessoa melhor, não apenas por meio do desenvolvimento das suas competências profissionais, emocionais, das suas habilidades, mas por intermédio **da prática** de um novo jeito de ser e de estar no mundo.

O termo, para mim, nasceu em 2003 quando lancei dentro da antiga Bovespa (a Bolsa de Valores), hoje B3, um programa chamado Bolsa de Valores Sociais, que posteriormente foi rebatizado de Bolsa de Valores Socioambientais (BVSA).

A ideia: uma plataforma que replicava o ambiente de uma Bolsa de Valores, dentro da própria Bolsa. No entanto, no lugar de empresas, ONGs (organizações sociais) listadas. Em vez de investidores em busca do lucro financeiro, doadores (investidores sociais como denominamos) dispostos a apoiar essas ONGs e seus projetos. O retorno? **Lucro social**: uma sociedade mais justa e com mais oportunidades para todos.

Antes de explicar o pioneirismo dessa ideia na época, é preciso explicar por que existem Bolsas de Valores.

Imagine que uma empresa precise de capital para expandir seus negócios. Ela tem três possibilidades: a primeira, ir ao banco e pedir um empréstimo. O banco vai analisar o pedido, vai estabelecer as condições (juros, prazo de pagamento) e, se tudo estiver de acordo entre as partes, a empresa recebe o empréstimo e, no prazo combinado, faz a devolução ao banco. Se algo correr mal, o banco pode acionar a justiça e executar a dívida.

Não querendo ir ao banco e pagar juros, a empresa tem uma segunda possibilidade: encontrar um sócio-investidor. Esse investidor vai adquirir uma parte da empresa na proporção do dinheiro que investir e possivelmente vai também passar a controlar as decisões sobre os rumos da empresa. A empresa não vai pagar juros sobre o dinheiro do investimento, mas ela passa a ter que dividir decisões com o novo sócio, o que pode significar certa perda do controle total que antes tinha.

Contudo, se a empresa não quiser fazer um empréstimo bancário e pagar juros, e também não quiser encontrar um sócio com quem passe a dividir o controle, ela pode recorrer a uma terceira possibilidade: abrir capital na Bolsa de Valores.

A empresa então assume compromissos de transparência e de governança (a forma como será gerida) e vai ao mercado de capitais fazer uma **oferta pública**, em busca de milhares de acionistas (pequenos sócios) dispostos a investir nela. Diferentemente de um empréstimo, o dinheiro é investido sem juros e sem que os acionistas passem a comandar o negócio. O compromisso da empresa é o de valorizar esse investimento fazendo a melhor gestão dos recursos financeiros e devolvendo aos acionistas dividendos, ou seja, lucro sobre o dinheiro investido.

Ao contrário da situação do empréstimo, na qual o banco precisa analisar toda a documentação para conceder o empréstimo, ou do sócio-investidor, que vai também fazer uma longa análise antes de decidir comprar uma parte da empresa, quando vemos uma empresa listada na Bolsa de Valores podemos investir na compra de suas ações porque sabemos que há um conjunto de regras e de fiscalizações que a Bolsa de Valores assegura para que o dinheiro do investidor seja utilizado com transparência, inclusive por meio da obrigação de a empresa ter suas contas permanentemente abertas e publicamente auditadas.

O investidor não precisa ir até a sede da empresa para conhecê-la pessoalmente, saber se ela existe mesmo, se é boa no que faz. Se a empresa está na Bolsa de Valores, o investidor sabe que pode investir.

Qual foi então o pioneirismo da ideia de uma Bolsa de Valores Sociais? O de evidenciar, na época, que não era possível para as ONGs conseguirem empréstimos bancários simplesmente porque bancos não emprestavam dinheiro para ONGs. Afinal, todos os recursos financeiros que uma ONG arrecada são para executar a sua missão social ou ambiental e não seria possível devolver o dinheiro para o banco, muito menos com juros.

Da mesma forma, ONGs não encontravam sócios-investidores dispostos a aportar capital financeiro porque jamais teriam seus investimentos de volta.

No entanto, ONGs dependem do dinheiro de doações, são, por natureza, públicas e devem atuar com transparência e governança. Portanto, o que lhes faltava era uma forma de encontrar pessoas dispostas a aportar recursos financeiros nos seus projetos com a confiança de que esses recursos seriam bem empregados.

O pioneirismo da primeira Bolsa de Valores Sociais do mundo foi exatamente este: emprestar o prestígio do ambiente de credibilidade da Bolsa de Valores para identificar e listar ONGs sérias, com trabalhos relevantes e resultados comprovados e apresentá-las para que milhares de pessoas (doadores, aqui chamados de investidores sociais) pudessem apoiar seus projetos. A grande maioria desses investidores sociais nunca visitou nem visitaria essas ONGs, mas confiava que o fato de elas estarem na Bolsa significava que eram de confiança.

Essas ONGs assumiam também o compromisso de devolver esse investimento de um jeito diferente. Na forma de lucro social. E lucro social é exatamente isto: uma sociedade mais justa, com mais oportunidades para todos.

A BVSA tornou-se estudo de caso na ONU, modelo recomendado para todas as bolsas de valores pelo então secretário-geral da ONU Kofi Annan, e ganhou o mundo por ser a primeira plataforma de internet, dentro do árido ambiente que é o mercado de capitais, a trazer para o centro das preocupações não o ganho financeiro, mas o entendimento de que era necessário também pensar em temas como desenvolvimento social e proteção do meio ambiente.

Com o passar dos anos, o modelo original ganhou réplicas e novos desenvolvimentos. Em países como Portugal, Inglaterra, África do Sul, Cingapura e Jamaica, iniciativas semelhantes foram lançadas, algumas inclusive dentro de Bolsas de Valores como no Brasil.

Plataformas de financiamento coletivo, chamadas de *crowdfunding*, viabilizaram-se graças à tecnologia, e até mesmo outros formatos de financiamento de projetos sociais e ambientais conseguem hoje em dia aliar ganho social com ganho financeiro.

Aquilo que chamei de lucro social dentro do contexto de uma Bolsa de Valores que conectava projetos e doadores ganhou novas e melhores aplicações.

Em várias partes do mundo e, mais recentemente, no Brasil, é possível apoiar uma organização social com recursos financeiros que serão devolvidos ao final de um período por ela com dois dividendos: o lucro financeiro e o resultado social.

Eu sei que, na introdução, alertei para o fato de este não ser mais um livro de autoajuda. Porém também disse que se ao final esta leitura o levasse a outra dimensão do pensamento e da consciência social, eu teria atingido o meu objetivo.

TODAS AS VEZES EM QUE O SER HUMANO QUIS PRESERVAR SUA ESPÉCIE, ELE O FEZ EM GRUPO E PELO GRUPO, UTILIZANDO A INTELIGÊNCIA COLETIVA.

Quando comecei a pensar em escrever este livro, meu objetivo era talvez registrar os meus mais de vinte anos atuando no setor social e tudo o que aprendi sobre mecanismos de combate à pobreza e de desenvolvimento socioambiental com as pessoas que encontrei pelo caminho.

Pessoas comuns, mas visionárias, que são verdadeiras empreendedoras sociais e que criaram organizações incríveis, pensaram soluções que atuam nas causas e não apenas nas consequências dos problemas e que, justamente por isso, apontam formas de interromper definitivamente ciclos de pobreza, de gerar renda e inclusão social.

Inicialmente eu pensava em apenas falar da minha convivência com essas pessoas que eu reputo por anjos encarnados. Exatamente essas pessoas que fazem com que eu me sinta privilegiado por ser pago para encontrá-las. Existe privilégio maior na vida do que ser uma espécie de "caçador de anjos"?

Só que, quando comecei a estruturar este livro, me dei conta também do quanto esses empreendedores sociais, que dedicam a vida a resolver problemas que eles não criaram, são pessoas que representam a melhor expressão de inteligência espiritual que alguém poderia encontrar. Ainda assim são sozinhos, invisíveis para a maioria da sociedade.

Quanto mais eu pensava nesses empreendedores e líderes sociais que representam meus ideais de anjo e de super-heróis, mais eu concluía que ninguém precisa ser anjo ou super-herói para se juntar a essa rede do bem e inteligência coletiva que está aí fora tentando fazer algo pela sociedade e pelo planeta em que vivemos. Afinal, são pessoas comuns que fazem isso sem que a maioria de nós dê conta, reconheça-os ou os apoie.

Foi então que entendi que era **exatamente o oposto**: já que **não são** pessoas especiais, isso talvez signifique que qualquer um de nós pode ser tão anjo ou super-herói quanto elas parecem ser, do jeito que a revista *Der Spiegel* retratou aquelas personalidades.

Contudo, eu não estava satisfeito apenas com minhas conclusões porque elas se baseavam tão somente na minha experiência. Foi assim que, aos poucos, fui entendendo que há mais do que eu enxergava por trás da teia que forma a rede de proteção social que cada ONG, cada organização social ou ambiental representa.

Quem me trouxe essa explicação, inicialmente, foi a biologia com os princípios que regem o corpo humano – esse ecossistema interdependente e interconectado, de cujo funcionamento dependemos para estar em equilíbrio.

Depois, encontrei nas preocupações dos estudos da psicologia, antropologia e sociologia com o isolamento social a que estamos cada vez mais nos submetendo (a chamada "epidemia da solidão") os alarmes de que, quanto mais nos desconectarmos uns dos outros, mais doenças aparecerão.

Não importa quão tecnológicos possamos estar: nosso cérebro vai continuar entendendo o isolamento social como um predador capaz de ameaçar a nossa existência e vai produzir a adrenalina que nos levará aos estados de alerta que vão, por consequência, nos causar ansiedade, pânico ou depressão.

A cada reflexão que fazia, o paralelo se estabelecia: cada pessoa que doa, cada voluntário que se engaja em um projeto, cada um que resolve empreender em uma causa socioambiental, quem monta uma organização ou quem se mobiliza para ajudar atua exatamente como os anticorpos na luta contra os vírus do desequilíbrio social no planeta.

Quem age assim demonstra um enorme senso de humanidade, possuidor da inteligência espiritual que julgo mais necessária do que a inteligência emocional porque ela é **mais coletiva** e seu alcance é essencialmente **mais amplo**.

Inteligência espiritual é também a **ética para o novo milênio**. O **novo mapa para novas rotas** que precisam ser traçadas em nome do bem comum.

Este livro não poderia ser apenas uma narrativa de histórias bonitas a respeito de gente do bem fazendo coisas boas. Resolvi que ele seria um alerta, mas também uma proposta: a de você me ajudar a espalhar a ideia de inteligência espiritual, dessa nova ética, e mostrar ao mundo que o lucro social é possível. Ser a luz e o farol dessa proposta.

Quando falo em luz e farol não é mera figura de linguagem poética. Ok, talvez seja... mas pense em uma lâmpada. O propósito dela é iluminar um ambiente. Só que antes de iluminar qualquer coisa no ambiente, o mais iluminado é a lâmpada em si. Antes de irradiar sua luz, ela se ilumina e brilha primeiro. Simples assim: quanto mais luz você resolver gerar, é você quem vai ganhar com isso primeiro.

Eu sei que os recursos de que dispomos são finitos. Ou, pelo menos, possuem limites sobre até onde podem ser utilizados sem serem comprometidos. Isso vale tanto para os recursos naturais como a água quanto para o dinheiro ou para o tempo de que dispomos nesta vida.

Mas entenda também o lucro social como o resultado de quando você investe o que pode do seu tempo, do seu talento, da sua capacidade de mobilizar recursos e também o seu dinheiro em prol de uma ideia que soluciona um problema em sociedade.

ENQUANTO NÃO SOLUCIONARMOS AS CAUSAS, CONTINUAREMOS LIDANDO COM AS CONSEQUÊNCIAS.

Há uma diferença sutil, mas muito importante, entre você fazer uma ação **que alivia uma situação social** que o deixa em paz com sua consciência ou seus valores religiosos e investir em uma ação que **resolve um problema social**.

Quando apenas aliviamos uma situação social, dando, por exemplo, uma esmola ou um prato de comida, lidamos com as **consequências**. Isso é importante porque pessoas passando fome não podem esperar.

No entanto, quando buscamos interromper os ciclos de pobreza, estamos nos concentrando nas **causas** que levam pessoas a passar fome. Isso é ainda mais importante para que essas pessoas nunca mais passem fome.

Por isso vou também lhe mostrar o que é possível fazer para que o seu investimento de tempo, energia ou qualquer outro nesta proposta tenha como resposta uma enorme satisfação pessoal e comprovada por sentir-se, de verdade, contribuindo para uma sociedade melhor.

Afinal, enquanto não solucionarmos as causas, continuaremos lidando com as consequências. A exemplo do que há tempos as empresas concluíram, temos também que nos perguntar, individualmente, como será possível sermos bem-sucedidos em sociedades falidas.

Podemos fazer escolhas que podem nos fazer parecer inteligentes. Por exemplo, continuar aceitando o mundo como ele é e convivendo com a violência e a miséria. Seguir blindando nossos carros e erguendo cada vez mais muros físicos e mentais que nos isolem daquilo que não nos julgamos capazes de resolver sozinhos.

Sofrer com as temperaturas extremas do planeta e seguir, talvez céticos sobre se as mudanças climáticas são mesmo um fato em curso.

Observar cada vez mais a falta de solidariedade e a agressividade como atitudes antissociais condenáveis, a solidão e o isolamento como fenômenos sociais lamentáveis, sem talvez notarmos que essas situações já podem estar ocorrendo em nossos próprios círculos sociais ou conosco mesmo.

Trocar a possibilidade do uso da nossa inteligência espiritual e coletiva pela aceitação de que os problemas dos outros não nos dizem respeito. Entender que decisões tomadas em esferas que não alcançamos vão impactar nossa vida, e isso é algo a que teremos que nos adaptar porque **é sensato** que seja assim.

São escolhas. E se elas forem as suas, eu respeito. Quem sou eu para julgar suas decisões? Afinal, **empatia** é nos colocarmos no lugar do outro e eu estaria declinando dessa qualidade e fazendo um julgamento sem respeitar os seus limites e suas crenças. Tudo bem, inclusive, pararmos nossa conversa por aqui.

No entanto, se os argumentos deste livro fizeram sentido para você e você gostaria de se engajar ativamente em práticas que gerem o lucro social, para você em primeiro lugar e para muitos, então podemos prosseguir.

Nos próximos capítulos, mostrarei concretamente como os conceitos que lhe apresentei sobre a inteligência coletiva e espiritual constroem a minha proposta.

Convido você, literalmente, a virar uma página na sua vida e neste livro. Vem nessa comigo?

ENTENDA LUCRO SOCIAL COMO O RESULTADO DE QUANDO VOCÊ INVESTE TEMPO, TALENTO, RECURSOS E DINHEIRO EM PROL DE UMA IDEIA QUE SOLUCIONA UM PROBLEMA.

CAPÍTULO 4

SOMOS AQUILO QUE DESPERTAMOS EM NÓS MESMOS

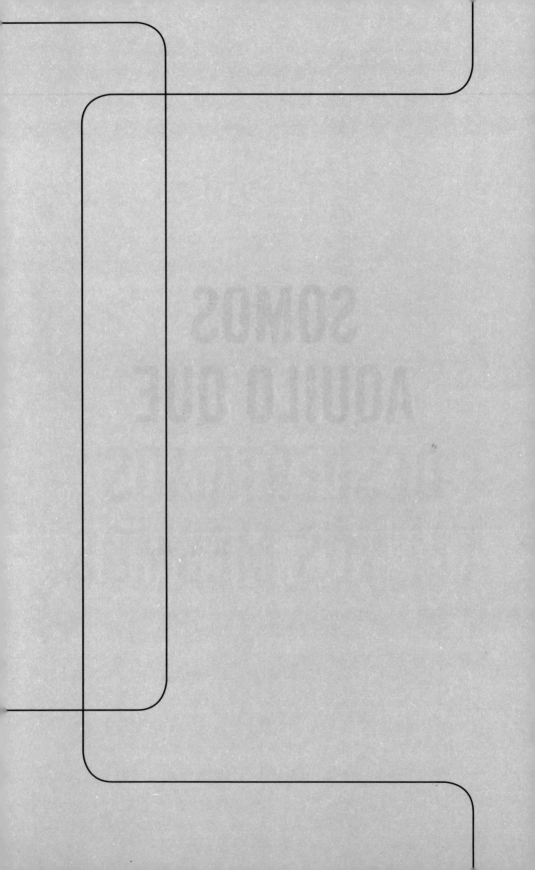

Segundo o livro do Gênesis, Adão e Eva foram colocados por Deus para viverem no Jardim do Éden e nele poderiam experimentar os frutos de todas as árvores, menos de uma: a árvore do conhecimento do bem e do mal, representada por uma macieira.

É quando então, de acordo com a narrativa, a serpente engana Eva e a convence a comer a maçã da árvore proibida.

Eva dá a maçã para Adão, o que faz com que Deus amaldiçoe a serpente e a Terra, condenando também Adão e Eva a viverem as consequências do pecado de sua desobediência. Ao comerem a maçã proibida, eles ganharam o conhecimento, mas também as noções do bem e do mal.

Essa história passou por outras elaborações, inclusive em versões islâmicas, tendo sido ao longo de décadas objeto de análise de estudiosos bíblicos. Não vou entrar no mérito religioso que alimenta a fé e as crenças em torno da história; não é o foco deste livro.

Mas peço licença para trazer a história de Adão, Eva e a serpente, que sempre me vem à mente quando alguém culpa as redes sociais e a internet por disseminarem coisas negativas.

Quando ataques horrorosos e fatais a estudantes em escolas são conduzidos por ex-estudantes dessas mesmas escolas ou quando atos de homofobia e racismo ganham força e adesão, frequentemente apontam-se as redes sociais e a internet como as causadoras desses fenômenos.

Na minha visão, isso equivale a culpar o carteiro pelo conteúdo da carta. Ou a serpente, por despertar em Adão e Eva o mal do qual Deus os tentou proteger.

A internet, as redes sociais ou a serpente da Bíblia apenas mostram como é possível despertar o pior de nós em nós mesmos. Mas somos nós que nos sentimos à vontade para essa manifestação. Esses fenômenos não criam o mal nas pessoas. Apenas despertam e conectam pessoas com outras que também o têm em si mesmas.

A serpente conectou Eva a Adão na transgressão a uma lei divina. A internet e as redes sociais conectam as pessoas em transgressões morais, éticas, da lei. O carteiro segue entregando as cartas cujo conteúdo é escrito por outros.

Somos o fruto daquilo que despertamos em nós mesmos. E se há meios de conectar o mal, há meios de conectar o bem. As ferramentas são as mesmas; o conteúdo é que deve mudar.

Esta é a proposta deste livro: despertar algo de bom em você; criar um movimento que seja o contraponto a essa sensação esquisita de estarmos vivendo tempos estranhos. Os instrumentos que nos conectam em rede não vão perder força. Em vez disso, serão cada vez mais aprimorados.

A inteligência artificial aplicada aos algoritmos da internet fará com que, cada vez mais, nós sejamos induzidos a encontrar, nas redes sociais, conteúdos que ressoem aquilo que estamos buscando.

SOMOS AQUILO QUE DESPERTAMOS EM NÓS MESMOS

Nosso comportamento no mundo virtual será cada vez mais alimentado por mais informações que sejam entendidas como aquelas que nutrem o intelecto e a alma. Por isso é tão necessária uma nova pedagogia em nossa vida, que nos ensine a acessar outro mundo, menos estranho e mais colaborativo, e onde nós nos reconheçamos.

Não se trata de alienação. Em vez disso, se quisermos fazer algo a respeito daquilo que nos incomoda, é importante sabermos que não estamos sozinhos e que não é preciso ser super-herói ou missionário. É preciso buscar ativamente ser a luz em um mundo cheio de sombras.

Nos próximos capítulos, apresento 7 formas de exercitar esse jeito diferente de ser e de estar no mundo. Em alguns deles, contarei também a história de pessoas que, por meio de suas iniciativas, trabalham para mobilizar soluções que melhoram a vida de milhares de outras pessoas. Gente que transforma cada recurso de tempo e dinheiro investido em **lucro social**. Esses são alguns dos meus super-heróis. Meus mestres e exemplos de pessoas espiritualmente inteligentes.

Convido você a se inspirar e espero que, ao final dos próximos 7 capítulos, desperte em você a vontade de encontrar uma forma de investir seu tempo, seu talento, sua capacidade de colaborar. Você vai ver que pelo menos uma dessas formas está ao seu alcance. E, se você aceitar, vai começar também a escrever um novo capítulo na história da sua vida. Pode parecer utópico. Qual é o problema se for utópico?

Eduardo Galeano, escritor e jornalista uruguaio falecido em 2015, certa vez contou em uma entrevista[12] o episódio que

---

12. Entrevista publicada no YouTube. *Para que serve a utopia? – Eduardo Galeano.* Disponível em: <www.youtube.com/watch?v=9iqi1oaKvzs>. Acesso em: 16 maio 2019.

SOMOS O FRUTO DAQUILO QUE DESPERTAMOS EM NÓS MESMOS. SE HÁ MEIOS DE CONECTAR O MAL, HÁ MEIOS DE CONECTAR O BEM. AS FERRAMENTAS SÃO AS MESMAS.

viveu com o amigo e cineasta argentino Fernando Birri em uma conferência em Cartagena das Índias.

Já no final do evento, um dos estudantes na plateia pergunta ao cineasta: "Para que serve a utopia?". Eduardo conta que olhou para o amigo com pena e pensou: "Ui... o que ele vai dizer agora?". Mas o cineasta, nas palavras de Eduardo, respondeu "estupendamente, da melhor maneira".

Disse Fernando: "A utopia está no horizonte e eu sei que nunca vou alcançá-la. Se caminho 10 passos, ela se afasta 10 passos. Quanto mais eu buscá-la, menos eu a encontrarei porque ela vai se afastando à medida que me aproximo. Pois a utopia serve para isso: para caminhar".

CAPÍTULO 5

ESCOLHA SUA CAUSA PESSOAL

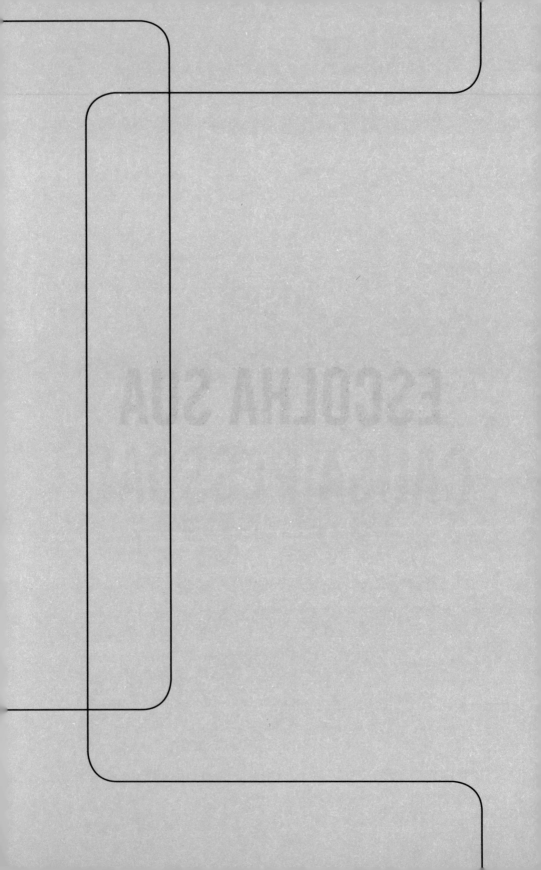

A criança doente cura a família.
Dra. Vera Cordeiro

A dra. Vera Cordeiro é médica clínica geral e quando trabalhava na pediatria do Hospital da Lagoa, no Rio de Janeiro, começou a se incomodar com sucessivos quadros de internação, reinternação e, às vezes, óbito das crianças atendidas naquele hospital.

Isso se dava até mesmo em casos aparentemente simples. Frequentemente, uma criança moradora de uma das comunidades pobres do Rio de Janeiro era internada para tratar uma pneumonia. Recebia alta e, duas ou três semanas depois, era internada novamente por conta do agravamento da pneumonia que supostamente havia sido curada. Muitas vezes, a criança acabava morrendo.

Com a convicção cada vez mais forte de que estava tratando a doença, e não o doente, Vera resolveu visitar os lugares onde as famílias dessas crianças moravam, e os motivos que a incomodavam ficaram esclarecidos. Entendeu que a doença, principalmente em famílias em estado de vulnerabilidade, é a ponta do iceberg.

AQUILO QUE VOCÊ FAZ E AQUILO QUE VOCÊ É PODEM SER DE ENORME VALIA. ESCOLHA A SUA CAUSA PESSOAL. AQUELA QUE RESSOE NO SEU CORAÇÃO, MAS TAMBÉM NA SUA CABEÇA.

ESCOLHA SUA CAUSA PESSOAL

Vivendo em condições precárias em barracos nos morros, era fácil que a criança tivesse a saúde debilitada e contraísse pneumonia. Levada para o hospital e tratada com antibióticos, ela se curava.

Mas então voltava para o lugar de moradia sem condições adequadas: janelas quebradas por onde o vento entrava e goteiras em cima da cama onde dormia criavam as condições para que a pneumonia voltasse ainda mais forte.

Segundo a Organização Mundial da Saúde, um terço das mortes que acontecem diariamente no mundo está relacionado a doenças conectadas diretamente com a pobreza. Vera então compreendeu que tinha que ir além dos muros do hospital e criar uma organização que tratasse das condições de vida a que estão submetidas as crianças e suas famílias. Essa, sim, a verdadeira causa das doenças entre os mais pobres.

Vera resolveu mobilizar amigos para reformar os barracos dessas famílias. Mas isso não bastava. Era também necessário entender que aquelas condições de vida tinham a ver com a falta de renda da mãe, que em comunidades pobres é, na maioria das vezes, o sustento da família – frequentemente o pai está preso ou desaparecido.

Portanto, além de reformar o barraco, era preciso ensinar um ofício a essa mãe. Se ela soubesse costurar, seriam oferecidos um curso e uma máquina de costura. Se soubesse cozinhar, um curso e equipamentos para produzir e vender doces e salgados na comunidade.

Nascia assim a **Associação Saúde Criança**, uma organização social sem fins lucrativos que criou uma metodologia pioneira, o Plano de Ação Familiar (PAF), visando reestruturar as famílias de crianças com doenças crônicas vítimas da desigualdade social e promover o seu sustento.

Os resultados[13]? Uma avaliação de impacto a longo prazo, realizada pela Universidade de Georgetown, em 2013, analisou famílias atendidas após três e cinco anos da data de conclusão do Plano de Ação Familiar.

O estudo revelou, entre outros indicadores, um aumento de **92%** na renda familiar. Além dele, o aumento no número de famílias com casa própria: antes apenas 26% eram proprietárias; depois, 50% das famílias já tinham casa própria após a alta do atendimento.

Houve uma diminuição de **86%** nos casos de reinternações hospitalares, com significativa redução de custos para o sistema público de saúde. Também a percepção da família atendida com relação ao seu bem-estar mudou: antes, apenas 9,6% consideravam bom/muito bom o bem-estar, número que saltou para 51,2% depois de passarem pela associação.

Desde que foi criado, o Plano de Ação Familiar foi implementado por 24 organizações ligadas a hospitais e unidades públicas de saúde em seis estados do Brasil. O DNA dessa metodologia foi levado para mais três continentes: África, Ásia e Europa.

Na síntese da dra. Vera Cordeiro, em ambientes de pobreza, para tratar a criança doente é necessário transformar a vida de toda a família: "A criança doente cura a família".

Que lição podemos extrair disso? A dra. Vera se incomodou com aquilo que talvez pudesse parecer uma falha sistêmica: um hospital e tratamentos que não conseguiam curar doenças que seriam, a princípio, simples de serem curadas.

---

13. Estatísticas fornecidas pela equipe da Associação Saúde Criança.

Ao decidir não aceitar o que acontecia, acabou encontrando outro significado para o exercício da medicina, a carreira que um dia escolheu abraçar. Entendeu que a medicina e os Direitos Humanos caminham juntos.

Usando os recursos de que dispunha e basicamente os conhecimentos profissionais, por meio da Associação Saúde Criança Vera Cordeiro já transformou a vida de mais de 72 mil pessoas. Provou que aquilo que você sabe fazer pode ser ainda mais bem-feito.

O QUE VOCÊ SABE FAZER? TRABALHA ONDE? COM O QUÊ?

No seu bairro, na sua cidade, na internet ao alcance de um clique, há dezenas ou centenas de associações, ONGs, cooperativas, núcleos sociais, movimentos ambientais que não precisam só de dinheiro. Precisam de pessoas que articulem soluções, que possam prover serviços e auxílios que essas entidades simplesmente não acessam, inclusive por falta de dinheiro.

Você é advogado? Raríssimas organizações sociais contam com aconselhamento jurídico até mesmo para as questões mais simples (para quem é do ramo). É administrador? É impressionante o número de ONGs que cometem os mais básicos erros de contabilidade por falta de orientação.

Está na terceira idade, aposentado? Pois saiba que um dos recursos pedagógicos mais valiosos para a recuperação e inclusão social de crianças assistidas por ONGs é a presença de pessoas que representem a figura de avôs e avós, referências afetivas que elas simplesmente não têm ou, quando têm, trazem as mesmas carências porque um dia foram crianças que também não tiveram afeto e cuidado.

REALIZE PEQUENAS COISAS QUE ESTÃO AO SEU ALCANCE, MAS QUE, PARA QUEM É BENEFICIADO, REPRESENTAM GESTOS DE ENORME IMPORTÂNCIA E GENEROSIDADE.

ESCOLHA SUA CAUSA PESSOAL

Aquilo que você faz e aquilo que você é podem ser de enorme valia para quem não tem. Escolha a sua causa pessoal. Aquela que ressoe no seu coração, mas também na sua cabeça.

Você não precisa montar uma ONG para atuar. Talvez, no princípio, nem fosse essa a intenção da dra. Vera Cordeiro. Criar a Associação Saúde Criança foi a forma como ela resolveu estruturar respostas para os problemas que identificava. Você nem precisa ir tão longe, embora, se decidir fazê-lo, será muito bom.

Quais são os problemas sociais que você identifica no seu universo profissional? Como eles afetam negativamente a sociedade? Será que ninguém mais vê ou pensou em alguma solução? Não tenha receio de investir o seu talento em uma causa que lhe toque racional ou emocionalmente. A vida vai devolver na forma de lucro social, para você e para quem você apoiar.

A SUA CAUSA PESSOAL NÃO PRECISA SER A DO MUNDO

Quando conheci minha mulher, a Rosa, no Recife em 1978 e ainda antes de começarmos a namorar, convidei-a para sairmos no fim de semana. Ela topou, mas só se eu a acompanhasse em um compromisso que tinha todos os sábados. Sem saber do que se tratava, mas interessado nela, aceitei a condição sem perguntar detalhes.

O compromisso, como descobri na hora do encontro, era ir a um hospital psiquiátrico, um manicômio onde a Rosa e um grupo de amigos espíritas semanalmente davam sopa aos internos e faziam um trabalho de acolhimento e vibrações. Havia áreas do hospital reservadas para os doentes mais agressivos

VOCÊ NÃO VAI TRANSFORMAR O MUNDO. MAS TAMBÉM NÃO VAI SE JUNTAR NEM VAI SER CONFUNDIDO COM AQUELES QUE PARECEM FAZER COM QUE O MUNDO ESTEJA CADA VEZ PIOR.

onde poucos entravam. Lógico que a Rosa fazia parte dos poucos que lá iam e lógico que eu, querendo impressioná-la, fui junto. Como ela brinca até hoje, nosso primeiro encontro foi literalmente uma loucura.

Em 1989, já casados e de volta de um período de dois anos no qual moramos na Inglaterra, resolvi que abriria meu próprio negócio, a Casa de Marketing, na época uma agência de comunicação dirigida. Nunca deixamos de nos envolver voluntariamente com temas sociais, mas o fato de eu ter uma agência permitia atuar em outro patamar: usando a equipe, os recursos de que dispunha e muitas vezes envolvendo também meus fornecedores, criei marcas, logotipos, viabilizamos campanhas de arrecadação de fundos, além de milhares de cartões de Natal e folhetos para as várias ONGs que apoiávamos.

O mundo sempre foi cheio de problemas e você não precisa se preocupar em tentar resolver os mais graves. Pode, muito bem, realizar pequenas tarefas que estão ao seu alcance, mas que, para quem é beneficiado, representam gestos de enorme importância e generosidade.

Quando me juntei ao grupo que visitava o hospital psiquiátrico, o fiz motivado pela Rosa e por comungar da mesma filosofia espiritualista que orientava o trabalho. Ao incorporar a rotina de passar as tardes de sábado nessa ação, não foi difícil concluir que a sopa que distribuíamos, as conversas com os internos e as vibrações que fazíamos não iriam curar as graves doenças mentais dos internos.

A minha **causa pessoal** tinha a ver com a filosofia espiritual e com a convicção de que, se não iríamos curar a pessoa, pelo menos algum alívio iríamos proporcionar a ela. E a certeza de que nossa ação causava um impacto positivo era facilmente comprovada.

Quando acontecia algum imprevisto que impedisse o grupo de ir, na semana seguinte o corpo clínico do hospital comentava o quanto os pacientes haviam ficado agitados o resto da semana por conta da ausência do sábado.

Nosso gesto era pequeno. Éramos, literalmente, apenas um grupo de jovens cheios de boa vontade. Mas fazíamos uma diferença que era percebida pela alma daquelas pessoas cujo raciocínio estava bastante comprometido. Mais ainda: nossas idas ajudavam a equipe do hospital a ter uma semana de relações um pouco mais tranquilas com os internos.

Da mesma forma, quando montei minha agência e me coloquei à disposição de alguns trabalhos *pro bono* para ONGs, nunca pude ir além dos limites do meu tamanho e capacidade instalada, afinal a Casa de Marketing sempre foi uma agência pequena. Não fizemos nenhuma enorme campanha de TV para nenhuma ONG internacional ou famosa. No entanto, cada trabalho que fizemos trouxe resultados fundamentais para as ONGs que ajudávamos e sempre tivemos esse reconhecimento.

Minha causa pessoal passou, então, a ser o emprego do meu talento e da minha equipe no trabalho de comunicação e marketing que as ONGs precisavam, algo que não nos custava mais do que algumas horas de trabalho sempre prazeroso.

Essa é a melhor parte da sensação de estar fazendo a sua parte. Você não vai transformar o mundo. Mas também não vai se juntar nem vai ser confundido com aqueles que parecem fazer com que o mundo esteja cada vez pior.

NÃO TENHA RECEIO DE INVESTIR O SEU TALENTO EM UMA CAUSA QUE LHE TOQUE RACIONAL OU EMOCIONALMENTE.

CAPÍTULO 6

DEDIQUE-SE. 1% JÁ É UM COMEÇO

Fazer pelo outro o que faríamos pelo nosso filho.

Dr. Fábio Bibancos

Em 1995, o dentista Fábio Bibancos escreveu o livro *Um sorriso feliz para seu filho* (CLA Editora), no qual abordava a importância da saúde bucal. Consequência natural, passou a ser chamado por escolas particulares para dar palestras sobre o tema do livro.

Em seguida, vieram convites para falar em escolas de redes públicas. Foi então que o dr. Fábio Bibancos se deparou com outra realidade. Não adiantava falar da importância da escovação correta e do uso do fio dental para famílias cujas crianças estavam com os dentes em uma situação na qual prevenção já não adiantava mais.

Pior ainda. Conforme o grau de pobreza da família, era muito comum que na casa houvesse apenas uma escova de dentes, compartilhada por todos. Fio dental? Nem pensar!

Foi então que o Fábio mobilizou quinze colegas também dentistas, que começaram a atender gratuitamente alguns casos em seus consultórios. Em 2002, com o aumento significativo de dentistas aderindo à causa, foi criada a **Turma do Bem**, hoje a maior rede de voluntariado especializado do mundo.

Em 2018, a Turma do Bem contabilizava mais de 17 mil dentistas atendendo gratuitamente mais de 73 mil pessoas de baixa renda com graves problemas bucais em 1.500 municípios brasileiros, catorze países da América Latina e Portugal, focando principalmente crianças e jovens[14].

Cada pessoa atendida recebe do dentista voluntário tratamento completo. O critério para definir quem serão os beneficiários (há sempre uma fila de espera) é definido por uma metodologia denominada OHIP, sigla inglesa para "perfil de impacto na saúde oral".

Embora o foco principal da organização sejam crianças e jovens, há alguns anos a instituição se sensibilizou com a questão da violência de gênero contra mulheres que, muito comumente, têm a dentição afetada quando agredidas.

Foi criado o programa **Apolônias do Bem**, nome inspirado na personagem histórica Apolônia que viveu em Alexandria e morreu em 249 após ser presa, espancada e ter seus dentes quebrados e arrancados.

No texto da missão e dos valores da organização, Fábio define o compromisso de cada um dos milhares de dentistas dessa rede de voluntários: "Fazer pelo outro o que faríamos pelo nosso filho".

Essa é a qualidade do tratamento que crianças, jovens e mulheres vítimas de violência recebem nos consultórios em que ocorrem os atendimentos, a mesma daqueles que podem pagar.

---

14. Dados da própria instituição.

QUANTO VOCÊ PRECISA DEDICAR PARA UMA CAUSA? QUE TAL RESERVAR SÓ 1%? PODERIA SER MAIS, MAS JÁ É UM BOM COMEÇO

Faça as contas: você trabalha oito horas por dia. Isso equivale a quarenta horas semanais, 160 horas mensais. Se você reservar 1% do seu tempo para doar, estamos falando de uma hora e trinta minutos **por mês** do seu tempo para se doar a uma organização ou causa. Facilmente ficamos bem mais do que isso navegando em bobagens na internet.

Não tem tempo? E dinheiro, você tem? Digamos que você tenha um rendimento líquido de 3 mil ou de 5 mil reais por mês. Doar 1% desse valor significa 30 reais ou 50 reais por mês. Valores que não são expressivos, que doados uma única vez a cada mês não vão impactar no seu orçamento nem vão fazer falta, pode acreditar.

No entanto, visite os sites de organizações como a Turma do Bem, a Associação Saúde Criança ou os Médicos Sem Fronteiras e veja o que 30 ou 50 reais mensais podem fazer por tantos que precisam de apoio social.

Se você tem mais tempo ou mais dinheiro e pode dispor de mais do que 1% desses recursos, melhor ainda. Mas veja que a ninguém é pedido um compromisso além daquele que possa ser cumprido.

Não podemos tirar daquilo que não nos sobra, isso é compreensível. Mas será que nem um tempinho de sobra você tem? Cada um dos dentistas voluntários da Turma do Bem assume o compromisso de atender a pelo menos um paciente selecionado pela organização.

QUANTO VOCÊ
PRECISA DEDICAR
PARA UMA CAUSA?
QUE TAL RESERVAR
SÓ 1%? PODERIA
SER MAIS,
MAS JÁ É UM
BOM COMEÇO.

DEDIQUE-SE. 1% JÁ É UM COMEÇO

Há dentistas que ficam nesse compromisso; esses são muito bem-vindos. Há outros que atendem a um número bem maior de pacientes; esses são essenciais para que os 18 mil profissionais possam dar conta dos 73 mil jovens em atendimento. No entanto, todos, absolutamente todos, são igualmente importantes.

Sua uma hora e trinta minutos ou os seus 50 reais investidos em uma organização social ou causa não têm preço. Não há investimento no mundo que pague o seu gesto e o que ele vai impactar, não apenas na vida das pessoas beneficiadas por essas organizações, mas também (e principalmente) na vida das pessoas que trabalham nessas organizações, fundadores, funcionários ou voluntários.

O 1% do seu tempo ou do seu dinheiro é fundamental para que essas pessoas não se sintam sozinhas. Porque se trata de uma missão, muitas vezes, solitária. Não porque não haja outros, mas porque às vezes parece que são poucos e que não vão dar conta.

Eu espero que a esta altura você já tenha concluído que 1%, seja do seu tempo ou do seu dinheiro, é pouco e que você pode fazer mais. Acho ótimo, mas quer um conselho? Comece assim, com esse pouco. Sabe por quê? Experimente buscar, seja na internet ou na conversa com algum amigo especialista, as razões pelas quais as pessoas colocam para si metas e objetivos, para depois desistirem.

As explicações podem variar de acordo com a qualidade dos argumentos, mas a maioria delas vai apontar para um mesmo tripé: as pessoas desistem porque colocam metas impossíveis de serem alcançadas; porque o tempo que levam para atingi-las acaba sendo maior do que o esperado; porque se frustram com os resultados. Isso vale para promessas de ano-novo, dietas e para tantas outras situações.

AS LIÇÕES QUE APRENDI COM UM DOMADOR DE LEÕES

Nasci na Vila Maria, em São Paulo, e tinha 5 anos de idade quando meus pais resolveram se mudar para Campos do Jordão. Meu pai largou a vida dura de taxista (já era difícil naqueles tempos) e, com a ajuda do meu avô, comprou um armazém, a Mercearia Santa Fé. Passei minha infância em Campos do Jordão, de onde só sairia por volta dos 15 anos de idade para morar novamente em São Paulo.

Meus tios e primos mais queridos moravam em São Paulo, e todos os anos nos encontrávamos nas férias, ora eles iam para Campos do Jordão, ora eu ia para São Paulo. Passar as férias em São Paulo tinha muitos atrativos e o maior deles era a possibilidade de, todos os anos, ser levado para assistir ao Gran Circo Orlando Orfei.

Orlando Orfei, que dava o nome ao circo, era domador de leões. O espetáculo tinha todos os ingredientes tradicionais dos circos: trapézio, globo da morte, palhaços, atiradores de faca, contorcionistas, micos amestrados. No intervalo entre a primeira e a segunda parte das apresentações, a equipe montava no picadeiro as grades que formavam a grande jaula onde Orlando Orfei se apresentava com os leões. Essa era a parte mais esperada do dia.

Orlando entrava majestoso, com uma roupa branca e brilhante, e, atrás dele, vários leões. Era impressionante o domínio que ele tinha sobre aquelas feras. Ele dizia "senta" e um leão se sentava. "Pula" e outro leão pulava. "Rola, deita" e o terceiro leão obedecia. Eu e toda a plateia de crianças e adultos delirávamos com o domínio que Orlando Orfei tinha sobre os leões.

Anos mais tarde, eu já adulto, estava certa madrugada zapeando canais de TV em busca de algo interessante quando me deparo com o Orlando Orfei, já bem velhinho, dando uma entrevista para um programa de variedades. Parei naquele canal e fiquei me deliciando com as histórias que ele contava. Como era administrar um circo, criar uma família na estrada, crises financeiras, coisas boas e outras nem tanto. Ele ali falando e eu só me lembrando das tantas vezes em que vi o mesmo espetáculo e nunca me cansei, coisas da magia do circo.

Já no final da conversa, o entrevistador pergunta: "Orlando, seu circo era realmente fantástico, fui muitas vezes quando criança. Mas queria te perguntar sobre algo que sempre tive a curiosidade de saber: qual era o segredo do seu incrível domínio sobre os leões? Porque você dizia, pula, e um pulava. Dizia, rola, e outro rolava. Entendo que um cachorro dá para adestrar. Gato já não dá, são muito independentes. Mas... leões? Como podia ser isso, você mandava e eles obedeciam. Qual era o segredo? Havia algum segredo?".

Orlando parou pensativo, abriu um sorriso e respondeu: "Tinha... na verdade, havia sim um segredo que eu nunca contei para ninguém, mas vou contar agora". Naquele momento me ajeitei na cadeira, aumentei o volume e pensei: *Uau, é isso mesmo, eu sempre pensei o mesmo. E ele vai dizer agora.*

Orlando continuou: "Eu sempre comprei os leões pequenos. E brincava muito com eles. Enquanto brincava, observava. Tinha alguns que adoravam pular, mas não rolavam. Outros adoravam rolar, mas não pulavam. Alguns eu podia chegar per-

SE NÃO OBSERVARMOS NOSSA PRÓPRIA NATUREZA, NÃO SERÁ POSSÍVEL CUMPRIRMOS COM AQUILO QUE COMANDAMOS PARA NÓS MESMOS.

to e dar tapas na cara que eles me lambiam de volta. Outros, eu tinha que manter uma distância segura porque, se eu chegasse perto, eles me atacariam e a coisa ia ficar feia. Portanto, o segredo **é que eu nunca troquei as ordens dos leões**".

Essa história me acompanha desde então. A lição que ela me trouxe, e que procuro seguir sempre, é a de respeitar a natureza do outro. Se eu não entender e não respeitar a natureza do outro, minha interação com o outro vai ficar, no mínimo, prejudicada.

Isso vale também para nós mesmos, para quando estabelecemos nossos objetivos e metas, sejam eles quais forem. Se não observarmos nossa própria natureza para entendermos nosso funcionamento, não será possível cumprirmos com aquilo que comandamos para nós mesmos.

Se você ainda não se envolveu com nenhuma causa, se o fez no passado e de forma inconstante, se nunca doou nem foi voluntário, vai com calma. Comece com 1% do seu tempo, do seu dinheiro, com 1% daquilo que tenha disponível. Depois, aos poucos, quando estiver se acostumando e gostando, talvez pense ou crie condições para aumentar seu investimento. Melhor começar devagar e prosseguir do que se empolgar demais e depois desistir.

Um por todos. É pedir muito? Será mesmo? Você conhece algum investimento social que traga mais lucro do que esse?

CAPÍTULO 7

PASSE DIGNIDADE ADIANTE. ELA É CONTAGIANTE

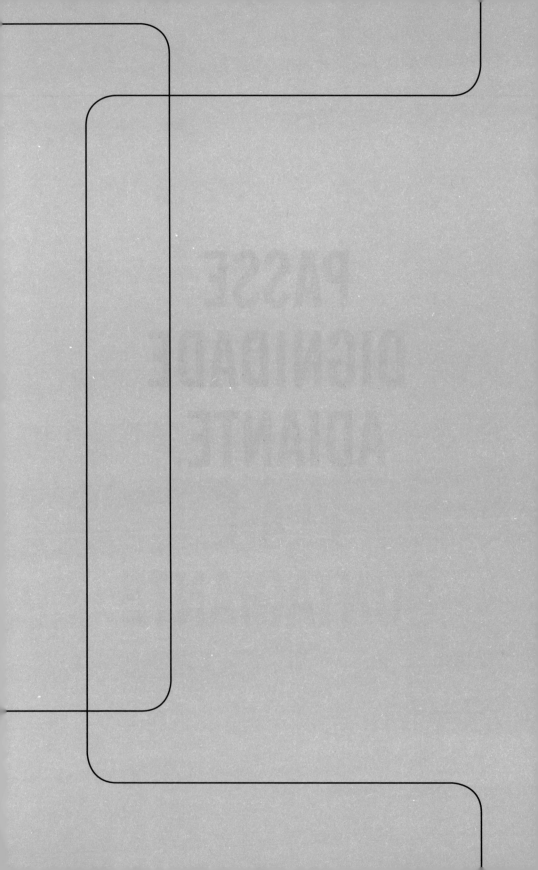

Saúde, alegria do corpo. Alegria, saúde da alma.

Projeto Saúde e Alegria

O pai do médico Eugênio Scannavino Netto estava à beira da morte, vitimado por um câncer. Ao visitá-lo, Eugênio agradeceu: "Obrigado, pai, por tudo o que você fez por mim". Levou um puxão de orelhas: "Nunca mais diga isso. Se você for digno, e a única coisa que eu te dei foi dignidade, faça para os outros muito mais e muito melhor do que eu pude fazer por você"[15].

Eugênio é um dos idealizadores do Projeto Saúde e Alegria, organização social sediada em Santarém, no Pará, cuja gestão ele hoje divide com o irmão Caetano Scannavino Netto. O projeto começou a partir de uma experiência prática, em 1984, quando Eugênio foi contratado pela Prefeitura de Santarém para dar assistência em saúde nas comunidades ribeirinhas.

Como médico infectologista ele logo concluiu que a maioria das doenças poderia ser evitada se, além da assistência médica, as comunidades recebessem também medidas preventivas e capacitação em cuidados básicos. Quando a Prefeitura

---

15. Entrevista ao jornalista Bruno Lima, publicada na *Folha de S.Paulo* ao receber o prêmio Empreendedor Social 2005. *Médico que combate a diarreia no Pará sonha "amazonizar" o mundo.* São Paulo. Disponível em: <www1.folha.uol.com.br/empreendedorsocial/finalistas/2005-eugenio-scannavino-netto-projeto-saude-e-alegria.shtml>. Acesso em: 15 maio 2019.

"SE VOCÊ FOR DIGNO, E A ÚNICA COISA QUE EU TE DEI FOI DIGNIDADE, FAÇA PARA OS OUTROS MUITO MAIS E MUITO MELHOR DO QUE EU PUDE FAZER POR VOCÊ."

Eugênio Scannavino Netto

de Santarém interrompeu o programa, Eugênio decidiu que não abandonaria aquelas pessoas.

Foi assim que, em parceria com a arte-educadora Márcia Silveira Gama, ele passou, de forma independente, a desenvolver metodologias lúdicas, participativas e de autogestão para aquelas comunidades. Diante do assistencialismo da época que caracterizava a maneira como eram conduzidos os programas de saúde na região amazônica, eles revolucionaram a assistência em saúde apenas por entenderem que a saúde era uma situação emergencial e direito básico.

Eram comuns, por exemplo, as mortes de crianças vitimadas por diarreias adquiridas pelo consumo de água contaminada pelos esgotos urbanos, lançados diretamente nos rios. No meio da Floresta Amazônica, distante alguns dias de viagem de barco da cidade mais próxima, beber água contaminada mata mais do que serpentes venenosas ou qualquer outra coisa.

O Projeto Saúde e Alegria atende atualmente mais de 30 mil pessoas de 150 comunidades na Amazônia. Além do aprimoramento dos programas educacionais nas questões de saúde, Eugênio e Caetano trabalham incansavelmente para implantar programas de formação de lideranças jovens, na estruturação de rádios comunitárias, no fornecimento de painéis solares que permitem gerar energia para o acesso à internet (muitas vezes o único meio rápido de pedir socorro em emergências) ou para produzir o cloro necessário para ter água potável.

A implantação de um barco-hospital completo, que serve também como laboratório e é capaz de realizar todos os programas básicos e pequenas cirurgias, especialmente construído para navegar nas condições dos rios e afluentes amazônicos apoiado por "ambulanchas", foi só mais uma das frentes de inovação do projeto.

Combinando atendimento médico de qualidade com transformação comunitária, o projeto tem um lema: "Saúde, alegria do corpo. Alegria, saúde da alma".

Como diz Eugênio: "O mundo gera insegurança nas pessoas. Mas eu sempre quis enfrentar o mundo. A medicina é só um instrumento".

VOCÊ JÁ PENSOU EM USAR A SUA DIGNIDADE COMO INSTRUMENTO DE TRANSFORMAÇÃO?

O escritor Nilton Bonder, no livro A *alma imoral* (Rocco, 1998), conta a história de um homem rico que foi se consultar com o rabino. Este lhe perguntou o que costumava comer e o homem respondeu que, embora rico, era também muito modesto e, portanto, alimentava-se de pão e água. O rabino então reagiu, dizendo: "O que pensa que está fazendo? Você é rico, deve se alimentar de carne e vinho!".

Mais tarde, os discípulos, talvez por terem entendido que o gesto do homem rico trazia também algo de uma louvável humildade, questionaram o rabino, que respondeu: "Até que ele coma carne e beba vinho, não vai compreender que o pobre precisa de pão. Enquanto ele comer pão, vai pensar que o pobre pode se alimentar de pedras".

A lição dessa parábola é a de que, se não usamos nossos privilégios e nosso potencial ao máximo, o risco é diminuirmos o potencial dos outros.

PASSE DIGNIDADE ADIANTE. ELA É CONTAGIANTE

Somos dignos. Todos nós. Dignos do dinheiro que temos, da família que criamos, dignos do que conquistamos e também dos sonhos que temos. Essa nossa dignidade nos coloca em outro patamar, desde que queiramos reconhecer e exercitá-la.

Somos também privilegiados. Muito. É claro que, se olharmos para cima, vamos enxergar pessoas que têm muito mais do que nós e que por isso podem mais, que desfrutam de uma segurança financeira e de uma tranquilidade na vida que talvez jamais alcancemos.

Porém, se olharmos para o lado, para baixo, vamos também enxergar pessoas vivendo em uma miséria indigna. Na pobreza ainda é possível haver dignidade, mas não na miséria.

Eugênio e Caetano carregaram para o meio da Selva Amazônica a lição do pai à beira da morte: a de passar adiante a dignidade que receberam. E o fizeram levando, para cada comunidade, muito mais do que atendimento médico.

Nós também vivemos em uma selva. Diferente da Amazônica, nossa selva é de pedra e asfalto, de favelas e miséria, de muros altos e carros blindados. Também temos que sobreviver, não só às ameaças à nossa volta nas ruas e até nos nossos ambientes de trabalho, mas principalmente a uma ameaça bem perigosa: a da insensibilidade.

Como é possível nos indignarmos com a violência e não acreditarmos que há de haver solução? Ou com a corrupção e nos conformarmos com o destino do país? Como pode ser aceitável que haja milhões de pessoas sem assistência médica de qualidade ou crianças sem escolas decentes e nos acostumarmos aos poucos, e cada vez mais, com essas situações?

O que podemos fazer a respeito disso tudo? Eu tenho uma ideia. Comece varrendo a sua calçada. Todos os dias. Enquanto

TRANSFORME A SUA INDIGNAÇÃO EM DIGNIDADE. A GENTE SÓ FAZ ISSO POR MEIO DO EXEMPLO, DO ATO, DO MOVIMENTO. DIGNIDADE É EXERCÍCIO COTIDIANO.

PASSE DIGNIDADE ADIANTE. ELA É CONTAGIANTE

varre a sua calçada, medite. Quando não for mais preciso varrer a calçada, ande pelo quarteirão do seu bairro. Observe os canteiros das árvores ou as pichações nos muros. Limpe-os. Se possível, chame ajuda; acho que você vai precisar.

Quando não houver mais calçada para varrer nem quarteirão para cuidar, olhe o bairro. Depois a cidade. Depois o país e talvez o planeta. Enquanto isso, recolha o seu lixo.

Transforme a sua indignação em dignidade. Só fazemos isso por meio do exemplo, do ato, do movimento. Dignidade é exercício cotidiano. É da boca pra fora e isso requer mãos, braços, pernas e atitudes concretas.

Todos nós somos dignos daquilo que temos e do que queremos ter. Use a sua dignidade como instrumento de inconformismo, mas também de transformação pessoal. Não se preocupe se o mundo vai mudar; talvez ele não vá. Mas não deixe que esse mundo faça de você uma pessoa menos digna de inspirar os outros a se espelharem na sua coragem de ser exatamente isto: digno.

CAPÍTULO 8

GANHE DINHEIRO FAZENDO O BEM

Eu não preciso mais subir! Eu não preciso mais subir!

Seu José

Os números são impressionantes: 85% dos municípios brasileiros não têm oftalmologista[16] Cerca de 45 milhões de pessoas precisam usar óculos, mas não sabem. A dificuldade em enxergar a lousa responde por 22,9% dos motivos que levam à evasão escolar nas camadas pobres da população[17]

Seu José ganha a vida subindo em pés de açaizeiros de 10 metros de altura para colher o fruto com o qual sustenta a família. Quando passou pelo exame oftalmológico da ONG **Renovatio**, foi diagnosticado com 6 graus de miopia e recebeu, de graça, o par de óculos ao qual nunca tinha tido acesso.

Ao colocar os óculos, seu José se emocionou e começou a repetir: "Eu não preciso mais subir... eu não preciso mais subir!". Os técnicos da ONG levaram um tempo até que ele se acalmasse na emoção e explicasse o que se passava.

---

16. CONSELHO BRASILEIRO DE OFTALMOLOGIA. "Um olhar sobre o Brasil". *Folha de S.Paulo*. Disponível em: <www.cbo.net.br/novo/publicacoes/Olhar_sobre_o_Brasil.pdf>. Acesso em: 15 maio 2019.

17. RENOVATIO. Disponível em: <www.renovatio.org.br/>. Acesso em: 15 maio 2019.

Portador de alto grau de miopia, o seu José não enxergava, do chão, se no pé do açaizeiro havia frutos prontos para serem colhidos.

Ele tinha que escalar os 10 metros da árvore, cujo tronco é semelhante ao de um coqueiro, para poder chegar perto do açaí. Muitas vezes simplesmente não havia açaí, ou não estavam bons para serem colhidos. Seu José então descia e repetia o processo no próximo tronco.

A história do seu José tem semelhanças com a de Talia, jovem de 15 anos que, até ganhar um par de óculos da Renovatio, aproveitava a hora do recreio na escola para ir até a lousa copiar a aula que ela não enxergava da cadeira.

Cofundada por Ralf Toenjes, jovem que já foi apontado pela *Forbes* na lista UNDER30 como um dos mais promissores do Brasil antes dos 30 anos, a Renovatio começou atuando como uma ONG que dependia de doações para oferecer consulta oftalmológica e óculos de graça para as populações mais pobres.

Equipada com um ônibus que faz as vezes de consultório completo, a Renovatio descobriu na tecnologia de uma ONG alemã (One Dollar Glass) o meio de viabilizar a produção das lentes e da armação por um custo baixíssimo. Não demorou para que chamassem a atenção de prefeituras e de doadores que indicavam as comunidades onde gostariam de ver sua doação sendo utilizada.

Com um problema de tamanha escala em um país no qual apenas 15% dos municípios têm um oftalmologista, entenderam que tinham em mãos não apenas uma ONG mas também um **negócio social**.

A combinação de "negócio" com "social" é transparente e tem cada vez mais adeptos no Brasil e no mundo. Investidores e grandes filantropos decidem separar uma parte do dinheiro que normalmente doariam para investir em negócios que funcionam em uma lógica de mercado, mas que são sociais ao mesmo tempo. Dessa maneira, resolvem problemas com mais capacidade do que, muitas vezes, uma ONG o faria.

Esses investimentos são feitos baseados em algumas premissas: o espírito claramente é o de ONG, mas o corpo é de negócio; o mercado é estudado e os preços dos produtos e serviços são definidos sem perder de vista o fato de que estão lidando com problemas sociais em camadas pobres; o investidor aporta dinheiro com a expectativa de recebê-lo de volta em prazos muito mais largos e juros muito mais baixos do que ele obteria se investisse em uma empresa "normal" ou no mercado financeiro; se as coisas correrem mal e o dinheiro não retornar, paciência. Ainda assim, ao longo do caminho, milhares de pessoas terão sido beneficiados.

É assim que a Renovatio está viabilizando a consulta oftalmológica e o acesso a óculos a um custo muito baixo e financiado, para pessoas que jamais teriam condição de tê-los.

É assim também que o Programa Vivenda[18] consegue financiar reformas em favelas, dando dignidade de moradia a quem até então vivia em barracos insalubres. Já a Gastromotiva[19] oferece aulas de culinária profissional a jovens pobres enquanto vende serviços de bufê para festas e eventos.

Esse é o mais novo campo da filantropia no mundo. O setor, designado como de investimentos de impacto (*impact investment*, em inglês), havia recebido em 2018, segundo rela-

---

18. PROGRAMA VIVENDA. Disponível em: <www.programavivenda.com.br>. Acesso em: 17 maio 2019.
19. GASTROMOTIVA. Disponível em: <www.gastromotiva.org>. Acesso em: 17 maio 2019.

A COMBINAÇÃO DE "NEGÓCIO" COM "SOCIAL" É CADA VEZ MAIS BUSCADA POR INVESTIDORES E GRANDES FILANTROPOS QUE SEPARAM UMA PARTE DO DINHEIRO PARA INVESTIR EM NEGÓCIOS QUE FUNCIONAM EM UMA LÓGICA DE MERCADO.

tório publicado pelo Global Impact Investment Network, cerca de 228 bilhões de dólares[20].

No Brasil, uma iniciativa liderada pela Aliança pelos Investimentos e Negócios de Impacto busca criar meios para chegar aos 50 bilhões de reais em recursos financeiros disponíveis para investimentos em programas que resolvam problemas sociais com base na lógica dos negócios sociais em 2020[21].

No mundo inteiro e também no Brasil, milhares de pessoas estão migrando para trabalhar nesse setor, seja criando os próprios negócios sociais a partir da identificação de problemas socioambientais, seja ajudando ONGs a estruturar essas soluções de forma profissional e com qualidade de mercado, capazes de atrair investidores e não apenas doadores.

É possível que haja áreas nas quais a ideia de se criar um negócio social nunca se concretize. Isso pode acontecer, por exemplo, em determinados campos dos Direitos Humanos.

Porém, é cada vez mais clara a percepção de que não é necessário escolher entre ganhar dinheiro e doar. É possível criar uma combinação do melhor desses mundos e fazer desta a razão de ser e missão pessoais. Em outras palavras, é o **lucro social** sendo estimulado e empregado da melhor e mais transformadora maneira possível, tanto para quem recebe quanto para quem investe.

Agora é com você. Vai investir, vai criar ou vai trabalhar em um negócio social?

---

20. ANNUAL IMPACT INVESTOR SURVEY 2018. *Global Impact Investing Network*. Disponível em: <https://thegiin.org/research/publication/annualsurvey2018>. Acesso em: 17 maio 2019.

21. INOVAÇÃO EM CIDADANIA EMPRESARIAL. *Avanço das recomendações e reflexões para o fortalecimento das finanças sociais e negócios de impacto no Brasil - Relatório 2016*. Disponível em: <http://ice.org.br/wp-content/uploads/2017/02/relatorio_2016_ftfs.pdf>. Acesso em: 20 maio 2019.

Há no Brasil uma rede de apoio a empreendedores que queiram iniciar e investidores que queiram participar de negócios sociais. E o campo é tão promissor que essa rede não para de crescer.

Compilei aqui uma breve lista de três organizações que conheço pessoalmente. Não significa que sejam as melhores nem as mais adequadas para o seu propósito, seja ele qual for: investir, criar ou trabalhar em um negócio social.

É mesmo apenas a lista daquelas com as quais já tive alguma interação. Para não privilegiar nenhuma, apresento-as em ordem alfabética.

A partir delas, você pode navegar por esse mundo que está se descortinando como um campo fértil (e do bem) para fazer negócios e ganhar a vida enquanto, ao mesmo tempo, são achadas soluções efetivas para os nossos mais urgentes problemas sociais e ambientais.

ARTEMISIA (HTTPS://ARTEMISIA.ORG.BR/)

Entre ganhar dinheiro e mudar o mundo, fique com os dois.

A Artemisia é uma organização sem fins lucrativos, pioneira no fomento e na disseminação do tema de negócios de impacto social no Brasil. Desde 2004, trabalha no desenvolvimento desse campo visando apoiar um número cada vez maior de negócios para que consigam chegar à escala de mercado e impactem a vida de milhões de brasileiros e brasileiras.

O objetivo, como definem, é "apoiar a criação de casos de negócios que sejam exitosos tanto do ponto de vista econômico como social, que possam inspirar uma nova geração de empreendedores e influenciar grandes organizações públicas e privadas em sua atuação junto à sociedade".

Para isso, os programas que desenvolvem são estruturados para apoiar os empreendedores e seus negócios em diferentes estágios, de acordo com os principais desafios e objetivos de cada fase: prototipagem, validação de produto, validação de mercado, crescimento.

DÍN4MO (HTTP://DIN4MO.COM/)

Fortalecemos empreendedores e estruturamos soluções para financiar negócios que geram impacto socioambiental positivo.

A Dín4mo trabalha em quatro frentes:

1. Fortalecimento de empreendedores – Potencializam o desempenho de *startups* com impacto social positivo e que já tenham faturamento. Trabalham gestão, governança e estratégias de mercado, além de apoiarem também a captação de recursos.
2. Investimento – Coordenam e lideram a captação de recursos, aportando entre 15% e 25% do capital necessário para o negócio social.
3. Crédito – Viabilizam operações de crédito que ajudam a dar liquidez e fluxo de caixa para os negócios sociais.
4. Organizações sociais – Apoiam organizações que queiram incorporar a lógica dos negócios sociais à sua lógica operacional.

HÁ UMA REDE DE APOIO PARA QUEM QUEIRA PARTICIPAR DE NEGÓCIOS SOCIAIS. E O CAMPO É TÃO PROMISSOR QUE ESSA REDE NÃO PARA DE CRESCER.

SOCIAL GOOD BRASIL (HTTPS://SOCIALGOODBRASIL.ORG.BR/)

Unimos tecnologias e competências humanas
para o bem comum.

O Social Good Brasil (SGB) é uma organização pioneira no Brasil no movimento de tecnologia para impacto social, que nasceu com a intenção de inspirar, conectar e capacitar indivíduos e organizações para uso de tecnologias, novas mídias e de comportamento inovador para contribuir com a solução de problemas da sociedade.

Foi fundado por duas outras organizações, uma voltada à promoção de voluntariado, o Instituto Voluntários em Ação (IVA), e outra, ao desenvolvimento comunitário, investimentos sociais e doações, o Instituto Comunitário Grande Florianópolis (ICom).

O SGB já impactou direta e indiretamente mais de 8 milhões de pessoas. Em novembro de 2017, a organização apresentou uma nova onda de inovação: o uso de tecnologias exponenciais para causar impacto social positivo. O SGB é também líder do movimento Data for Good no Brasil, lançado no evento SingularityU Brasil Summit[22].

Essas três organizações são apenas uma pequena ponta do iceberg que está formando e inspirando uma nova mentalidade e uma nova geração de pessoas que escolhem trabalhar com propósitos que satisfaçam as necessidades financeiras pessoais enquanto oferecem soluções para problemas globais.

---

22. Social Good Brasil é parceiro de impacto do SingularityU Brasil Summit. *Social Good Brasil*. Disponível em: <https://socialgoodbrasil.org.br/laboratorio/social-good-brasil-e-parceiro-de-impacto-do-singularityu-brasil-summit/>. Acesso em: 17 maio 2019.

CAPÍTULO 9

USE O PODER DO SEU DINHEIRO

De quanta terra precisa o homem?
Liev Tolstói

Liev Tolstói foi um escritor russo, falecido em 1910, autor, entre outros, do romance *Guerra e paz*, aclamado como um clássico de todos os tempos.

Em um dos seus famosos contos intitulado *De quanta terra precisa o homem?* (Companhia das Letrinhas, 2009), ele narra a história de Pakhóm, o ambicioso dono de terras que buscava incessantemente expandir suas posses. "Se eu tivesse muita terra, não temeria nem mesmo o Diabo", diz ele.

Pois o próprio Diabo, ao ouvi-lo, resolve testá-lo. Faz chegar aos ouvidos de Pakhóm que o chefe de uma aldeia distante estava disposto a doar suas propriedades.

Ao chegar lá, o chefe da aldeia explica a Pakhóm que tudo o que ele precisa fazer é caminhar pelas terras. O quanto ele caminhasse seria o quanto de terras lhe seria doado, sem custo e com apenas uma condição: ele deveria retornar ao ponto de partida onde estava o chefe da aldeia antes do pôr do sol.

Pakhóm se lança então na empreitada e começa a caminhar. Quanto mais anda, mais se deslumbra com o que vê e mais quer. A certa altura, observa que já passa do meio-dia e que, junto com a tarde, o sol vai começar a descer no horizonte. Mas ele está tão cego na sua ambição que pensa: "Só mais um pouco, só mais este morro, só mais aquele campo", e segue caminhando.

De repente se dá conta de que está muito longe do ponto de partida, que o sol já começa realmente a descer. Se ele não chegar antes do pôr do sol, toda a caminhada terá sido em vão e as terras não serão dele.

Passa então a correr de volta, acelerando o passo em uma corrida desesperada para não perder as terras conquistadas. Corre tanto que, ao chegar de volta à aldeia, cai morto aos pés daquele que o aguardava.

É quando o chefe da aldeia se transforma e revela ser, ele próprio, o Diabo. Olha para Pakhóm caído e diz, com um sorriso nos lábios: "Queria tanta terra, mas acabou apenas com um lote de 2 metros de comprimento por 1 metro de largura".

De quanta terra necessita a humanidade? Atualmente nossos padrões de consumo indicam que precisaríamos de **quase dois planetas Terra** para produzir tudo de que precisamos para viver, pela maneira como consumimos a água, os alimentos, os recursos energéticos e naturais. Se continuarmos nessa progressão, em 2050 serão necessários três planetas Terra para prover aquilo que consumimos.

Em 2018, a Global Footprint Network, organizadora do Earth Overshoot Day (Dia da Sobrecarga da Terra), alertou para o fato de que, no dia 1º de agosto, a humanidade havia consumido o limite do ano para o que a Terra conseguiu produzir ou regenerar. Dez anos atrás essa marca era atingida em setembro[23]. A cada ano, estamos atingindo-a mais cedo, o que significa que,

---

23. GLOBAL FOOTPRINT NETWORK. *Earth Overshoot Day 2018 is August 1*. Disponível em: <www.footprintnetwork.org/2018/07/23/earth-overshoot-day-2018-is-august-1-the-earliest-date-since-ecological-overshoot-started-in-the-early-1970s-2/>. Acesso em: 20 maio 2019.

apesar de todos os alertas, a humanidade segue ignorando o aviso e consumindo como se não houvesse amanhã.

Se esgotarmos os recursos naturais, colocaremos em risco a própria capacidade de vida humana no planeta. A conta simplesmente não fecha. O que podemos fazer a respeito disso? Algo tão básico quanto repensar nossos padrões de consumo. E, para isso, podemos (devemos) usar o poder do nosso dinheiro.

Quando se fala em "repensar os padrões de consumo", parece que estamos falando em consumir menos. Ok, também é isso. Mas, na verdade, o que proponho é **consumir diferente**. Somos naturalmente consumidores. Seja porque precisamos, seja pelo prazer, seja pelo merecimento, reside justamente aí nossa capacidade de influenciar mudanças.

Por um lado, há muito tempo marcas e corporações perceberam que, cada vez mais, as novas gerações querem produtos e marcas com as quais se identifiquem. Por outro lado, e porque precisam satisfazer os acionistas, elas também precisam aumentar os lucros a cada ano.

Nascem então soluções como materiais mais leves e menos poluentes nos componentes dos produtos. Surgem os programas de logística reversa, por meio da qual as empresas cuidam de estimular ou viabilizar o recolhimento e a reciclagem de embalagens e do lixo que elas próprias ajudam a gerar.

Ganham corpo, cada vez mais, conceitos de se trabalhar a cadeia de fornecedores das empresas para que economias locais, pequenos produtores, comunidades e cooperativas sejam beneficiados por trabalharem em parceria com as grandes corporações.

Bolsas de valores do mundo, como a B3 no Brasil, estimulam que mais empresas negociem seus papéis nos níveis dos Índices de Sustentabilidade Empresarial (conhecidos como

NOSSOS PADRÕES DE CONSUMO INDICAM QUE PRECISARÍAMOS DE QUASE DOIS PLANETAS TERRA PARA PRODUZIR TUDO DE QUE PRECISAMOS PARA VIVER.

Carteira de Ações ISE), que reconhecem empresas que empregam uma série de cuidados relacionados ao social, ao ambiental e à forma como são geridas.

Ao trabalharem temas como logística reversa e sustentabilidade, as empresas reduzem custos de produção. Ao se engajarem em causas e movimentos sociais, criam laços de lealdade com seus consumidores.

Marcas e corporações só existem porque você as faz existir. Você talvez não se dê conta disso, mas é por receio de perder o seu dinheiro que as empresas buscam o tempo todo, por meio de pesquisas e estudos, entender o que se passa na sua cabeça: o que o preocupa, o que o move, quais são seus valores. Que planeta você quer no futuro? Qual estilo de vida você escolhe viver? Essas são perguntas para as quais elas buscam respostas.

O seu dinheiro é um poderoso instrumento. Escolha consumir com causa. Compre orgânicos, observe as empresas nas redes sociais, não apenas o que pregam, mas como reagem quando um problema acontece.

Seu dinheiro vai dar lucro financeiro para as empresas. Que o lucro seja então também social. E para todos.

UMA PROPOSTA DIFERENTE, PARA QUE TODOS SEJAM IGUAIS

Ele era presidente da BM&FBovespa, a Bolsa de Valores do Brasil. Naquele semestre de 2017, havia acabado de concluir a compra da CETIP (empresa de infraestrutura do mercado financeiro), dando origem ao novo nome da Bolsa de Valores, que passou a se chamar B3. A conclusão do negócio marcou também a decisão de se aposentar, depois de uma carreira de mais de trinta anos no mercado de capitais.

Estávamos no almoço para o qual ele havia me convidado. No papel à minha frente, ele traçou duas linhas em formato de cruz, criando quatro espaços vazios. Foi preenchendo cada um desses espaços, na medida em que explicava: "Dividi meu patrimônio em quatro partes. A primeira é para mim e minha mulher. A segunda é para minhas filhas. A terceira é para investimentos que farei através da minha empresa. A quarta parte é para eu criar o melhor projeto social que possa ser feito para a proteção de crianças e a formação profissional de jovens".

Os meses que se seguiram foram dedicados ao estudo do que de melhor se faz, no Brasil e no mundo, para enfrentar os desafios da inclusão social de crianças e jovens. O resultado: a criação da Associação Pequeno Mundo, em Bragança Paulista, que nasceu com a proposta de "ser diferente, para que todos sejam iguais".

Em 2019[24], um grupo de empresários liderados por Eli Horn, fundador e principal acionista da construtora Cyrela, juntou-se para criar um fundo para apoiar até 50 ONGs. Além do investimento, o grupo trabalha com a meta de dobrar o número de doações em relação ao PIB brasileiro, uma vez que, segundo o World Giving Index (Índice Mundial de Doações, conhecido como o Ranking da Solidariedade), em 2018 o Brasil caiu 47 posições fazendo com que as doações no país correspondam a cerca de 0,23% do PIB[25]. Batizado de **Bem Maior**, o movimento criado por Eli Horn reuniu inicial-

---

24. PAMPLONA, Patricia. "Grandes filantropos brasileiros investirão até R$ 5 mi em ONGs". *Folha de S.Paulo*. Disponível em: <www1.folha.uol.com.br/empreendedorsocial/2019/05/grandes-filantropos-brasileiros-investirao-ate-r-5-mi-em-ongs.shtml>. Acesso em: 17 maio 2019.

25. INSTITUTO PARA O DESENVOLVIMENTO DO INVESTIMENTO SOCIAL. Relatórios disponíveis em: <www.idis.org.br/publicacoes/>. Acesso em: 17 maio 2019.

mente o apresentador Luciano Huck e os empresários Eugênio Mattar e Rubens Benim. Os quatro esperam servir de exemplo para que mais empresários e milionários pudessem se sensibilizar e aderir ou criar seus próprios canais e estratégias de doação e de investimento social.

Pode ser que a inspiração da iniciativa desses empresários tenha vindo, simplesmente, da visão de mundo e dos valores que orientam suas condutas e a de suas famílias.

Essa inspiração, porém, pode também ter sido alimentada por uma iniciativa que nasceu nos Estados Unidos em 2010, batizada de The Giving Pledge (A Promessa de Doação, em uma tradução livre). Criada por Bill Gates, Melinda Gates e Warren Buffet, a organização incentiva pessoas e famílias com grandes fortunas em todo o mundo a contribuir com **uma parte significativa** de suas riquezas para causas sociais.

O que esses empresários filantropos têm em comum? A resposta imediata e simples é "eles têm dinheiro". Mas essa resposta é também injusta porque ainda são poucos, no Brasil, os exemplos de pessoas com o mesmo poder financeiro fazendo coisas semelhantes. É até mesmo provável que desconheçam a parábola de Tolstói que abre este capítulo, mas isso não os impede de agir diferente.

Qual é o poder do seu dinheiro? De quanta terra necessita um homem?

Pessoas comuns podem escolher usar o poder do dinheiro para consumir com causa, optando por consumir de empresas e marcas que atuem responsavelmente na forma como lidam com seus colaboradores, com consumidores, com a sociedade em que atuam e com o planeta em que habitam. Ao fazê-lo, colaboram para padrões de vida mais sustentáveis e que podem

O SEU DINHEIRO É UM PODEROSO INSTRUMENTO. ESCOLHA CONSUMIR COM CAUSA.

impedir que a humanidade em um breve futuro vá precisar, não de 2, mas de 3 planetas Terra para dar conta de tudo o que consome.

Pessoas financeiramente privilegiadas e que já não precisam "de tanta terra" podem ir além, usando também o dinheiro e o prestígio de que gozam para inspirar e mobilizar seus pares em prol de causas sociais e ambientais.

No fundo, todos nós temos um poder em comum e independentemente dos recursos financeiros que tenhamos: **o poder das escolhas**. Fazer escolhas que sejam impulsionadoras e transformadoras é, com certeza, o maior legado que você pode deixar como sua marca pessoal na vida.

CAPÍTULO 10

ESCOLHA TRABALHAR EM EMPRESAS COM PROPÓSITO

O QUE EU VOU SER QUANDO VOCÊ CRESCER?

Muitos anos atrás, meus filhos ainda eram pequenos. Estávamos na sala brincando e a certa altura, em uma espécie de arroubo filosófico, viro para um deles e me pergunto em voz alta: "O que eu vou ser quando você crescer?".

Ele me fita com o olhar bravo e repreende: "Tá errado, pai. É o que você vai ser quando você crescer".

No capítulo anterior, falei sobre usar o seu poder de consumidor e o poder do seu dinheiro para fazer com que as empresas, constantemente e de forma cada vez melhor, repensem a forma como produzem e comercializam produtos ou a forma como contratam fornecedores.

Há outro poder que você também pode exercer e que tem a ver com as escolhas que faz quando busca ou quando aceita uma oferta de emprego: o de trabalhar em empresas que tenham propósito. Isso vale se, por acaso, o plano for o de empreender o seu próprio negócio: qual é o seu propósito?

Nos últimos tempos, a necessidade de definir um propósito (ou propósitos) tem estado cada vez mais em cima da mesa dos CEOs e executivos de recursos humanos das maiores corporações.

Anos atrás, os exemplos mais explícitos eram também bem mais raros. Os destaques iam, por exemplo, para a Boeing, que um dia definiu: "Fazemos aviões que possam transportar as nossas famílias", ou para a Disney, que sintetizava o seu propósito como: "Criar felicidade para as pessoas".

A Boeing sabia que a condição número um na aviação é a segurança e expressava o seu compromisso com esse aspecto de forma que deixasse claro que cada funcionário na empresa trabalhava com tal grau de excelência que eles mesmos não hesitariam em colocar os filhos e a família para voarem naqueles aviões.

A Disney sempre entendeu que felicidade é o estado mágico que faz com que cada pessoa, criança ou adulto nunca deixe de se surpreender e se encantar, por mais que essas pessoas voltassem várias vezes aos mesmos parques.

Da mesma forma como consumidores se tornam leais às marcas e empresas com as quais se identificam, funcionários se orgulham de estar em empresas que expressam propósitos que vão além do tradicional "gerar lucro".

Foi com um olho no funcionário e outro no consumidor que as empresas passaram a falar sobre propósitos. Elas sabem que expressar propósitos claros criam vínculos internos e dão sentido de equipe, porque faz com que as pessoas saibam por que trabalham na empresa e qual o sentido do que fazem.

Veja, por exemplo, o caso da Gente, a editora deste livro. Na porta de entrada está escrito: "Gente fazendo livros. Livros fazendo gente".

Se você conhecer, como eu tive o privilégio, a equipe da editora, não saberá distinguir a princípio qual é o cargo desta ou daquela pessoa. Cada uma delas fala com tamanha paixão sobre os autores que publicam, as histórias que já viram transformando a vida de pessoas e sobre a missão por trás de cada livro, que fica muito claro o senso de responsabilidade de todos de fazerem livros que realmente toquem e deixem algo de bom para as pessoas.

Outra vertente da expressão de propósitos ganhou novas dimensões a partir da criação do conceito das B-Corp, sigla em inglês para Benefit Corporation (algo como "empresas do bem", em uma tradução livre).

Surgido em 2006 nos Estados Unidos, trata-se de um movimento mundial que busca a adesão de empresas que se comprometem a repensar a forma como geram lucro, colocando no mesmo patamar de importância do lucro (que preserva a existência da empresa) a responsabilidade socioambiental (que preserva a existência do planeta).

Definir propósitos ou ser reconhecida como uma B-Corp faz com que a empresa aumente a sua capacidade de atrair e de reter talentos. Não apenas isso; ela aumenta também a capacidade de atrair investidores, pois os grandes fundos de investimento já identificam nessas empresas claras vantagens competitivas, como afirmou uma executiva da BlackRock, a maior gestora de ativos do mundo no painel "Liderando negócios com propósito", durante o Fórum Econômico Mundial da América Latina, realizado em São Paulo[26].

---

26. FRABASILE, Daniela. "Empresas com propósito têm os melhores resultados no longo prazo". *Época Negócios*. Disponível em: <https://epocanegocios.globo.com/Empresa/noticia/2018/03/empresas-com-proposito-tem-os-melhores-resultados-no-longo-prazo.html>. Acesso em: 17 maio 2019.

CADA VEZ QUE O LUCRO VIER JUNTO COM OUTROS VALORES, COMO RESPEITO E CIDADANIA, ELE SERÁ TAMBÉM LUCRO SOCIAL

Uma visita aos sites Love Mondays (www.lovemondays. com.br) ou da Great Place To Work (https://gptw.com.br/) é esclarecedora. A primeira traz uma lista de empresas (até mesmo com salários por cargo) e depoimentos dos colaboradores, que explicam por que gostam de trabalhar naquela empresa. A segunda, uma conhecida consultoria que certifica empresas que são consideradas grandes lugares para se trabalhar, na avaliação dos próprios funcionários.

Precisamos de empregos. Ou de montar o nosso próprio negócio. Seja trabalhando para uma empresa ou para você mesmo, é preciso fazer escolhas.

O que eu vou ser quando você (empresa para qual eu trabalho ou negócio que eu montei) crescer? No que terei me tornado? Estarei feliz? Se eu pudesse me aposentar naquele exato instante, o faria ou sentiria falta de um propósito em minha vida?

Quanto mais pessoas pensarem assim, quanto mais questionamentos forem feitos, quanto mais poder de influência pudermos exercer com nosso dinheiro e nossas escolhas, melhores serão as empresas para as sociedades que servem – e que se servem delas.

O lucro sempre será necessário para preservar a existência das empresas e dos empregos. Mas, cada vez que o lucro vier junto com outros valores, como respeito, cidadania, responsabilidade socioambiental, ele será também lucro social.

CAPÍTULO 11

ACREDITE: COISAS PEQUENAS TAMBÉM TRANSFORMAM

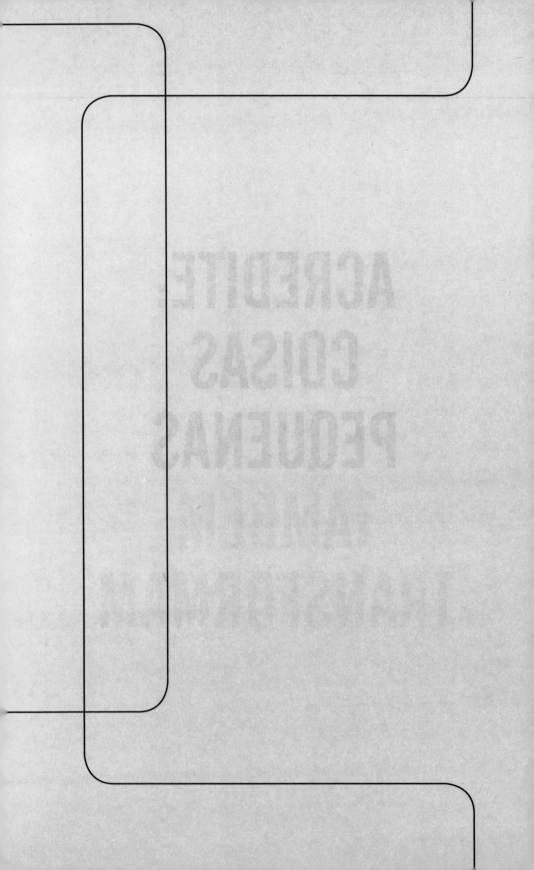

O tempo é um tecido invisível em que se pode bordar tudo.

Machado de Assis

Aos 91 anos de idade, Valderez já teve bastante tempo na vida. Tempo de criar os filhos, tempo de cuidar da casa, tempo de curtir a vida que vai bem a esta altura.

Teve também tempo para se dedicar a uma atividade que começou há mais de cinquenta anos: a de costurar roupinhas de bebê a partir de retalhos de panos que são fornecidos pelas amigas, por pessoas que tomam conhecimento desse seu hábito. Quando faltam panos, não tem problema, ela os compra.

A contabilidade desse tempo passado voluntariamente na máquina de costura, ela mesmo faz: a cada quatro meses são cerca de 150 roupinhas de bebê que ficam prontas. Uma média de 450 por ano, perto de 23 mil nos últimos cinquenta anos.

Para uma indústria, produzir 23 mil enxovais de bebê não significa nada. Ao longo de cinquenta anos, uma pessoa dar conta dessa produção pode parecer pouco para você. Mas como disse Machado de Assis, "o tecido invisível do tempo" bordou bem mais do que roupinhas para bebês.

Nas amigas atuais e distantes de Valderez, o tempo bordou o compromisso de separar retalhos e enfeites que elas sabem

CADA PESSOA QUE COMECE ALGO EM PROL DO OUTRO SERÁ COMO UMA PEDRA ATIRADA A UM LAGO. UMA ONDA SERÁ CRIADA NO LAGO E, DE ALGUMA FORMA, ISSO VAI REVERBERAR EM ALGO OU EM ALGUÉM.

ACREDITE: COISAS PEQUENAS TAMBÉM TRANSFORMAM

que serão extremamente úteis. Nas organizações sociais e nos lares-abrigo que recebem as roupinhas prontas, bordou a gratidão pela iniciativa singela e solitária de uma pessoa que mal conhecem.

Para milhares de bebês, muitos deles hoje já adultos, talvez com 50 anos de idade e que jamais encontraram ou souberam da existência de Valderez, o tempo talvez tenha também bordado algo em sua alma ou na alma de suas mães e pais.

A história de Valderez tem a ver com a de Márcio, que, inconformado com o estado de uma praça próximo de sua casa na Granja Viana, em São Paulo, um dia começou a plantar árvores e a cuidar daquele jardim como se fosse o da sua casa. Assim o fez até que viesse a falecer precocemente. Não há pessoa que o tenha conhecido que não se lembre dele ao passar pela praça.

Tem também a ver com a de Lídia, fotógrafa em Ribeirão Preto, que não entendia por que todo tipo de lixo, menos o isopor, tinha como destino final a reciclagem. Com fabricação a cargo da indústria petroquímica, não é difícil concluir o potencial de dano ambiental com o seu descarte aleatório. A resposta veio da observação: o fato de ser extremamente leve fazia do isopor um produto economicamente pouco atrativo para ser reciclado.

Lídia mobilizou empresários da cidade, viabilizou um sistema de compactação do produto e estimulou cooperativas de reciclagem que agora enxergam valor econômico no isopor, ajudando a quebrar o paradigma que está na cabeça de muitos, inclusive de quem trabalha com reciclagem, de que o isopor não é reciclável.

Essas histórias poderiam se juntar à de Greta Thunberg, a garota sueca que, aos 16 anos, começou a convocar os amigos para protestar contra os líderes mundiais que relutam em assumir compromissos definitivos no combate aos efeitos das mudanças climáticas. O que seria um encontro de classe com cartazes desenhados à mão virou um protesto mundial em mais de 60 países com estudantes que convocaram uma greve geral para chamar a atenção para o movimento.

Cada pessoa que comece algo em prol do outro, por menor que seja o gesto, por mais despretensioso ou singelo, será como uma pedra atirada a um lago. Uma onda será criada no lago e, de alguma forma, isso vai reverberar em algo ou em alguém.

Gente que talvez viva e morra anônima. Gente que talvez seja indicada ao Prêmio Nobel da Paz, como foi o caso da estudante Greta.

Lembra-se de quando, em um dos capítulos deste livro falando sobre egoísmo, eu disse que o problema não era um ou outro pensando assim mas que, ao contrário, o problema era todos pensando assim? Com o altruísmo é diferente. Vale sozinho, mas vale muito mais em grupo. Quanto mais gente melhor, porque o altruísmo mostra que o poder das coisas boas reside no fato de que elas reverberam na alma, no invisível, no anônimo.

Tudo bem se você fizer algo sozinho e se esse algo for pequeno ou pouco. Tudo bem se você achar que não tem o perfil para ser voluntário em alguma ONG, que não dispõe de dinheiro para doações nem tempo para colaborar com outras causas.

Ainda assim, se algo lhe tocar a alma, seja plantar uma árvore, costurar uma roupa para doar (pode ser a sua) ou se você se sentir capaz de mobilizar os outros para alguma questão pontual, faça.

NÃO ESQUEÇA O SEU GUARDA-CHUVA

Esta é uma história antiga, tão antiga que nunca descobri a sua origem. Contam que se passou em uma pequena cidade do interior de um estado do Nordeste, região de caatinga. Naquele ano, a falta de chuvas ultrapassara os limites daquilo que o povo da cidade estava acostumado a viver, e isso começou a deixar todos muito preocupados.

Viviam basicamente do que plantavam, das poucas cabeças de gado, da criação de galinhas, cabras e patos. Mas, com o sol inclemente, o calor constante e sem qualquer perspectiva de chuva, as semanas foram se passando e virando meses de grande preocupação.

Os rios foram secando até a água sumir completamente. O gado e os animais começaram a emagrecer pela falta de ração, depois a adoecer pela falta de água e, então, a morrer. A população, pobre e humilde, sem ajuda e sem recursos, começou a se desesperar.

A terra árida e sem vida, os leitos dos rios secos, a morte rodando a cada propriedade daquela zona rural, cujos poços de água também secavam, já não tinham perspectivas. Definitivamente, diziam eles, Deus havia se esquecido daquele povo.

Foi quando um dos moradores propôs que todos fossem para a igreja rezar. Pedir a Deus que tivesse piedade e que olhasse por eles. Deus haveria de ouvi-los, pois eram um povo crente que nunca nada havia feito que pudesse desgostar o Senhor. Sem nada mais para fazer, quase que sem esperanças de qualquer milagre, conformados e silenciosos, os moradores concordaram e se dirigiram na manhã daquele dia para a pequena igreja.

TUDO BEM SE VOCÊ FIZER ALGO SOZINHO E SE ESSE ALGO FOR PEQUENO OU POUCO.

ACREDITE: COISAS PEQUENAS TAMBÉM TRANSFORMAM

Começaram a rezar. Rezaram a manhã toda e a tarde toda, entraram noite adentro rezando e vararam a madrugada assim. Na manhã do dia seguinte, olharam para o céu e viram algumas nuvens. Continuaram a rezar durante a hora do almoço, a tarde toda. No céu as nuvens pareciam que se formavam mais espessas.

Veio a noite e seguiram rezando, dez, onze, meia-noite e ninguém arredava o pé da igreja. Embora estivesse escuro pela noite, era possível perceber que o céu estava cada vez mais carregado de nuvens. Alguns relâmpagos começaram a ser vistos durante a madrugada. Pouco antes de o dia nascer, eles já eram acompanhados por trovões. Quando o dia amanheceu, desabou naquela cidade a maior tempestade como jamais tinham visto.

Extasiados, em prantos, o povo daquela comunidade ria e agradecia em voz alta a Deus, que tinha ouvido e atendido as preces e a fé de todos. Maravilhados, olhavam a chuva que caía dos telhados e escorria pelas ruas. Poderiam voltar para casa, retomar a vida. O rio iria encher novamente, a terra voltaria a ficar boa para ser plantada, os animais teriam o que comer e o que beber, a vida enfim voltava a pulsar naquela cidade.

Quando se preparavam para sair da igreja em direção às próprias casas, notaram que uma pequena menina, talvez de 7 ou 8 anos de idade, abriu um guarda-chuva e começou a caminhar. Foi então que se deram conta: nenhum deles tinha trazido um guarda-chuva.

Todos haviam se dirigido para a igreja para rezar, acreditando que Deus haveria de ouvir e atender aos apelos de todos, homens e mulheres de fé que eram. Mas somente aquela menina, na sua pureza, acreditou que a chuva viria. E levou um guarda-chuva.[27]

---

27. Caso você conheça o autor e a origem dessa história, entre em contato comigo para que possamos dar os devidos créditos.

NÃO É PRECISO UM GRANDE COMPROMISSO, UM GRANDE PASSO. NÃO É PRECISO QUE SEJA NOBRE OU NOTÓRIO. FAZER PEQUENAS COISAS E DEIXAR QUE O TEMPO BORDE TUDO JÁ SERÁ UM COMEÇO.

ACREDITE: COISAS PEQUENAS TAMBÉM TRANSFORMAM

A Valderez não se importa com o impacto de suas roupinhas na vida das crianças que as recebem. O Márcio jamais sonhou reurbanizar um bairro inteiro. A Lídia sabe que o lixo do isopor seguirá sendo um problema no resto do país, assim como a Greta não tinha ideia dos milhares de pessoas que atenderiam à convocação do protesto para o qual ela esperava, no máximo, os alunos de sua classe – talvez, de sua escola.

O que essas pessoas têm em comum? Todas elas carregaram uma enorme fé de que aquilo que estavam fazendo era o certo. Acreditaram nisso, simples assim.

Não é preciso um grande compromisso, um grande passo. Não é preciso que seja nobre ou notório. Fazer pequenas coisas e deixar que o tempo borde tudo já será um começo. Outras pessoas talvez se juntem, direta ou indiretamente.

Você jamais será a mesma pessoa que um dia foi, porque a cada dia o invisível vai se bordar na sua alma. Aguarde, e o tempo o dirá. Talvez, quem sabe, mandando a chuva mais linda e mais abençoada que você já viu cair na sua vida.

CAPÍTULO 12

NADA NESTE LIVRO PODE TER SERVIDO PARA VOCÊ

Não faço a menor ideia do que o levou a comprar este livro. Pode ser que alguém o tenha recomendado, que você tenha ouvido falar ou visto algo a respeito dele em algum lugar. Pode ser que a capa tenha chamado a atenção, o título tenha sido instigante ou por pura curiosidade sobre o conteúdo.

No começo do livro, falei do meu frio na barriga (se não falei, o confesso agora) a cada capítulo que escrevi. Será que ficou bom? Será que ficou claro?

Por isso me preocupei em manter a nossa conversa interessante, mas também leve. Não, eu não fui a fundo em nenhum dos momentos em que falei sobre pobreza, problemas sociais, mudanças climáticas ou sobre desenvolvimento humano, porque não era essa a minha intenção.

Trabalhando nessa área há mais de vinte anos, estou habituado a discutir esses assuntos em profundidade com empresas, institutos, fundações e órgãos governamentais, no Brasil e no exterior. Falo o tempo todo com pessoas que precisam tomar decisões às vezes complexas, às vezes arriscadas, e que precisam

NÃO SEREMOS UMA SOCIEDADE JUSTA ENQUANTO CALARMOS A NOSSA VOZ E AS NOSSAS CAPACIDADES, À ESPERA DE QUE ALGUÉM FALE E FAÇA POR NÓS.

ter segurança de que essas decisões vão ter impactos socioambientais positivos e transformadores.

Eu não quis tornar a nossa conversa árida nem técnica. Mesmo trabalhando com temas tão apaixonantes quanto aqueles com os quais trabalho, esse tipo de conversa eu já tenho aos montes, acredite.

Eu o convidei a se juntar comigo nesta corrente do bem e espero que este livro e as ideias o tenham conquistado. Foi com esse propósito que escrevi.

Eu realmente acredito que é possível escolhermos uma **causa pessoal** e que ela seja definida a partir de nossa visão de mundo, nossos valores, nossas disponibilidades de tempo e dinheiro.

Escolhida sua causa pessoal, talvez você não possa dispor de mais do que **1%** do seu tempo ou dinheiro para se envolver. Mas eu tenho certeza de que não vai precisar de muito para começar a perceber que o seu envolvimento vai dar **dignidade** para a vida daqueles a quem você ajudar. Outras pessoas vão se mirar em você e seguir o seu exemplo.

Pode ser que você encontre bons negócios sociais para investir e que **ganhe dinheiro fazendo o bem**, como milhares de pessoas já ganham – montando empresas sociais, investindo ou trabalhando nesse setor. Enquanto isso, será sempre possível usar **o poder do seu dinheiro** para fazer escolhas que vão impactar profunda e positivamente a sociedade.

Acima de tudo, é sempre possível simplificar: pensar pequeno, agir pequeno e, ainda assim, deixar um legado que vai se tornar a sua marca pessoal. Acredite nisso.

Quando comecei o projeto deste livro, não tinha ideia sobre como o processo de escrever me faria rever tantos conceitos e experiências que me acompanham a vida toda, especialmente

É POSSÍVEL ESCOLHERMOS UMA CAUSA PESSOAL E QUE ELA SEJA DEFINIDA A PARTIR DE NOSSA VISÃO DE MUNDO, NOSSOS VALORES, NOSSAS DISPONIBILIDADES DE TEMPO E DINHEIRO.

nestes últimos vinte anos nos quais me dedico exclusivamente a temas como desenvolvimento socioambiental, inclusão social, mecanismos de combate à pobreza, geração de renda e sustentabilidade.

Organizar essas experiências e memórias só alimentou, ainda mais, minha convicção de que o exercício e a expressão de cidadania em nosso país requerem uma sociedade civil mais consciente, mais ativa, mais engajada.

Não seremos uma sociedade justa enquanto calarmos a nossa voz e as nossas capacidades, à espera de que alguém fale e faça por nós.

Sempre encontrei pessoas que, ao me ouvirem falar sobre o que faço, diziam: "Puxa, eu gostaria de fazer algo, me juntar a uma causa... a gente só reclama e faz muito pouco a respeito". Achavam bonita minha atividade, faziam a reflexão e autocrítica, mas nem elas nem eu sabíamos dizer qual seria um próximo passo concreto para mudar esse quadro.

Por isso, à medida que eu escrevia, fui também alimentando o sonho de tocar na mente e no coração de pessoas para mobilizá-las de alguma forma. Ofereci caminhos, usei dos meus melhores argumentos e apontei propostas. Procurei simplificar e convencer.

No entanto, nada disso pode ter dado certo. E se foi assim, tudo bem. Sério. Você não me ofende se esse for o seu caso. Essas são minhas crenças, mas pode ser que você esteja em um outro momento da sua vida, no qual o conteúdo deste livro não caiba.

Posso pedir um favor? Se este livro não serviu para você, passe-o para alguém. Eu tenho certeza de que, se você pensar, vai se lembrar de alguém que precisa ler este livro ou que gostaria de saber sobre estes assuntos. Alguém que vai se sentir tocado e que vai adotar, talvez uma, talvez mais das propostas que fiz.

Mesmo que você resolva não fazer nada, ao dar este livro para alguém você já estará fazendo algo. Nem sempre podemos dar conta do que precisa ser feito. Mas sempre vamos encontrar alguém que pode e só não sabia que podia. Ou seja, mesmo não fazendo nada, ao simplesmente passar este livro para alguém você já terá feito a sua parte. Se essa for a sua decisão, eu e o mundo agradecemos.

Mas se, ao contrário, você gostou deste livro, da proposta e se como resultado se encorajar a iniciar um novo caminho na sua vida, juntando-se a mim neste movimento e na direção de uma outra dimensão do pensamento e da consciência social, eu vou querer saber da sua história.

Vou torcer para que essa seja a sua decisão. Eu e o mundo celebraremos.

SE ESTE LIVRO NÃO SERVIU PARA VOCÊ, PASSE-O PARA ALGUÉM.

CAPÍTULO FINAL

A DECISÃO DE QUE O MUNDO PRECISA

Quando comecei a escrever, eu disse, na introdução, que imaginava este livro como uma conversa apenas entre duas pessoas, você e eu. Foi assim que todo o resto foi escrito. Se eu fosse falar, falaria exatamente como escrevi.

Pois, se foi uma conversa, aqui é o ponto em que ela termina e nos despedimos. Espero que essa nossa despedida não seja para sempre e que esta conversa não acabe nunca. Mas, como nas despedidas, eu queria também deixar algo meu, muito pessoal, para você levar consigo.

E o que eu gostaria de deixar é uma história real, que aconteceu comigo há alguns anos em uma praia do litoral da Bahia. Algo que jamais esqueci e que me fez pensar muito sobre as decisões que eu tomaria na vida, não apenas no ano que se iniciava, mas daquele dia em diante.

Em geral, nossas decisões dizem respeito àquilo de que precisamos. Com este livro, proponho que você tome outra decisão, aquela de que o mundo precisa.

Nunca foi tão necessário revermos nossos padrões de consumo, pensarmos em como estamos falhando coletivamente

NO DIA EM QUE TIVER QUE COMEÇAR A MINHA JORNADA DE VOLTA PARA O UNIVERSO DE ONDE EU VIM, QUANDO O MEU CICLO DA VIDA AQUI NESTE PLANETA ESTIVER ENCERRADO, EU QUERO DEIXAR UMA HISTÓRIA.

A DECISÃO DE QUE O MUNDO PRECISA

nas respostas que afligem nossa sociedade ou refletirmos sobre os níveis de pobreza e miséria, que nunca estiveram tão altos enquanto as estatísticas mostram que o Brasil tem caído no ranking dos países cuja população se envolve com causas e projetos socioambientais.

Temos o poder de fazer escolhas e talvez também nunca antes foi tão importante quanto agora termos a consciência de que, quanto menos solidários, engajados, conscientes e atuantes formos, menor será a possibilidade de sonharmos com um futuro no qual nós, nossos filhos e netos tenhamos uma sociedade mais justa e mais igualitária, especialmente para os menos privilegiados.

A decisão de que o mundo precisa é esta: quem puder, saia da sua bolha, do isolamento, deixe de ser espectador do que está ruim e faça algo. Sem ser especial, sem ser super-herói, sem ser milionário. Faz muitos anos que decidi fazer dessa missão o meu ofício profissional.

Claro que já enfrentei todos os tipos de percalço, mas nunca pensei em desistir. Cada vez que penso em cada uma das pessoas que conheci à frente de organizações sociais e ambientais, lembro que esses são os super-heróis que me inspiram. Cada vez que penso nos milhares de pessoas beneficiados por meio dessas ONGs, me solidarizo com eles.

Essas reflexões me apanham em diversas situações, por exemplo quando decidi escrever este livro. Mas uma das situações mais marcantes aconteceu há alguns anos.

Foi bem cedinho, por volta das sete e meia da manhã do 1º de janeiro, caminhando por uma praia deserta de céu encoberto enquanto uma fina garoa caía, que eu recebi um dos mais bonitos presentes que os céus poderiam me dar: eu assisti ao nascimento de uma tartaruga e ao início de sua jornada em direção ao mar.

Primeiro ela quebra a casca e cava um caminho pela areia até atingir a superfície. Daí ela começa a rastejar em direção à praia, distante uns 50 metros do local do ninho. Você olha e acha que não vai dar, pois aquela jornada parece impossível de ser cumprida. Mas ela segue instintivamente na direção correta.

Quando chega à beirinha do mar, aquelas marolinhas que mal sentimos no pé a jogam de volta para a areia seca. Ela insiste, vem novamente e uma nova marolinha a joga de volta. Dá uma aflição, vontade de ajudar, mas algo lhe diz que você não deve interferir naquele momento. É quando vem a terceira marola e aí, como se já tivesse entendido a lição, a tartaruga abre as quatro patas, ergue a cabeça e flutua...

Ao flutuar, deixa-se levar pela marola que a princípio parece conduzi-la mais uma vez de volta para a areia seca, mas no refluxo da maré acaba trazendo-a um pouco mais para dentro da água. Então vem a quarta, a quinta marola e vejo que minha amiga tartaruga está indo cada vez mais para dentro do imenso mar que a aguarda. Sua nova casa.

Dizem que dentro de vinte e cinco ou trinta anos ela tomará instintivamente o rumo de volta, de onde quer que esteja, e retornará para a praia onde nasceu. Depositará ali os seus ovos e dará início a um novo ciclo de vida.

Além de me emocionar, enxerguei, naquela hora, a mais bonita e infinita presença de uma força criadora que você pode chamar de Deus, energia ou do que quiser. O que mais podia aprender com aquele momento? Acho que aprendi que o princípio é o mesmo para nós todos, seres humanos ou tartarugas: **todos temos um destino a cumprir que é o de nos lançarmos na vida**, que é do tamanho do mar, e buscarmos, nessa jornada, a razão da nossa existência.

A DECISÃO DE QUE O MUNDO PRECISA

No começo poderemos encontrar pela frente marolas tentando nos fazer ficar onde estamos. Se aprendermos a não brigar com elas, entenderemos que podemos usar essa força, a princípio contrária, para que ela nos conduza em direção ao mar. Isso não tem a ver com passividade. Tem a ver com sabedoria.

Minha amiga tartaruga não tinha ainda idade para ter sabedoria, tampouco podia ser classificada como passiva diante do seu esforço em se lançar na água. Mas ela não hesitou em deixar a segurança do seu ninho, se pôr a caminho do mar – e se entregar. É como se ela tivesse a certeza de que ela era não uma partícula do mar, mas o próprio mar. Nada poderia ameaçá-la. Ela era digna daquela imensidão.

Olhar aquela cena me fez pensar sobre quantas vezes nós não nos sentimos dignos da possibilidade à nossa frente. Será que precisaríamos ter a coragem de uma pequena tartaruga para simplesmente nos sentirmos dignos? Talvez nosso caminho, como o dela, também não seja fácil; certamente haverá mistério, beleza, algum medo, muitos perigos. Mas, sempre que nos dispusermos a explorar só mais um pouquinho, um oceano de novas possibilidades vai se descortinar à nossa frente.

Encontraremos muitas pessoas, umas iguais a nós, outras totalmente diferentes, e aos poucos perceberemos aqueles cuja companhia será essencial para nos sentirmos bem. Esses se tornarão especiais para nós – cada um a seu modo.

Pode ser também que tempos depois comecemos a ser, aos poucos, cada vez mais invadidos por um sentimento meio difícil de explicar. Que poderá se parecer com melancolia ou apenas vontade de ficar quieto em um canto, sentindo uma saudade de algo que não saberemos explicar. Talvez seja essa a

NÃO SEI SE FAREI DIFERENÇA NO MUNDO, MAS SEI QUE FAÇO DIFERENÇA NA VIDA DAQUELES QUE AJUDO POR MEIO DA MINHA PROFISSÃO.

hora em que nós estaremos começando a nos lembrar da praia de onde um dia também partimos. Onde tudo começou.

Quem sabe não vamos então concluir que terá chegado a hora de iniciarmos nossa jornada de volta. Aí bastará nos deixarmos guiar e nosso instinto nos conduzirá. Nossa intuição será mais forte e bonita do que toda a nossa sabedoria e o nosso aprendizado possam ter sido. E nós também teremos cumprido, a nosso modo, o ciclo da vida.

Refleti e aprendi sobre tudo isso naquele primeiro dia nublado do ano, enquanto me despedia da minha pequena e breve amiga. Foi quando concluí que, talvez, não seja besteira quando penso que Deus está em alguma praia pescando. Porque por um instante, naquele momento, eu tive a forte sensação de que, se olhasse para o lado, eu o veria sentado na areia contemplando aquela tartaruga e seu caminho. E acho que Ele estaria sorrindo.

Não olhei para o lado. Virei-me para o outro e continuei minha caminhada na praia deserta. Havia um ano inteiro pela frente. O primeiro ano do resto de minha vida.

Naquele momento eu decidi que, no dia em que tiver que começar a minha jornada de volta para o lugar no universo de onde eu vim, quando o meu ciclo da vida aqui neste planeta estiver encerrado, eu quero deixar uma história. E quero que essa história seja contada pelos meus filhos e pelos filhos deles durante muito tempo.

Por essa razão, eu também decidi que ela não seria uma história qualquer. Não sei se farei diferença no mundo, mas sei que faço diferença na vida daqueles que ajudo por intermédio da minha profissão.

Por agora, espero que eu também tenha feito alguma diferença na sua vida.

Estre livro foi impresso pela gráfica BMF
em papel pólen bold 70 g em agosto de 2019.